하나님의 열심

스터디 가이드

일러두기
- 이 책은 《하나님의 열심》에서 채택한 본문으로 구성되었습니다.
- 이 책에서는 개역개정판 성경을 인용하였습니다.
- 성경을 인용할 때, 절의 전체를 인용한 경우에는 큰따옴표(" ")로,
  절의 일부를 인용한 경우에는 작은따옴표(' ')로 표기하였습니다.
- 본문에 《 》로 표기된 것은 도서를, 〈 〉로 표기된 것은 도서 외 작품을 가리킵니다.

하나님의 열심 스터디 가이드

2024년 9월 11일 초판 1쇄 발행
2025년 3월 25일 초판 2쇄 발행

지은이 박영선
기획 강선, 고의정, 박병석, 오민석, 최충만
편집 문선형, 정유진
디자인 잔
경영지원 함초아
펴낸이 최태준
펴낸곳 무근검
주소 서울특별시 송파구 올림픽로 4길 17 A동 301호
홈페이지 lampbooks.com **전화** 02-420-3155 **팩스** 02-419-8997
등록 2014. 2. 21. 제2014-000020호
ISBN 979-11-94142-08-9 (03230)

무근검은 '하나님의 영광은 무겁고 오래된 칼과 같다'라는 뜻입니다.

하나님의 열심

믿음은 어디서 오는가

스터디 가이드

박영선 지음

무근검

서문

이 책은 남포교회 구역 모임을 위한 교재입니다.《하나님의 열심》을 저본으로, 신앙생활에서 잊지 말아야 할 가르침과 교회 생활을 하며 함께 생각해 보아야 할 점들을 염두에 두고 열한 장을 가려 뽑았습니다. 이 책의 내용을 더 깊이 공부하길 원하는 분은《하나님의 열심》을 읽으면 도움이 될 것입니다. 이 공부를 통해 신앙의 핵심을 되새기고 더욱 풍성한 교회 생활을 누리기 바랍니다.

차례

01

아버지의 집을 떠나 너는 너의 고향과 친척과

―――――― 1 여호와께서 아브람에게 이르시되 너는 너의 고향과 친척과 아버지의 집을 떠나 내가 네게 보여 줄 땅으로 가라 2 내가 너로 큰 민족을 이루고 네게 복을 주어 네 이름을 창대하게 하리니 너는 복이 될지라 3 너를 축복하는 자에게는 내가 복을 내리고 너를 저주하는 자에게는 내가 저주하리니 땅의 모든 족속이 너로 말미암아 복을 얻을 것이라 하신지라 (창 12:1-3)

이제 몇 차례에 걸쳐 아브라함의 생애를 추적해 보려고 합니다. 그 이유는 성경이 아브라함의 생애를 단지 한 개인의 신앙 행로로 그려 내지 않고, 그의 생애를 통해 복음의 비밀과 구원의 신비인 '믿음'에 대해 설명하기 때문입니다.

우리는 아브라함만 생각하면 기가 죽는 경향이 있습니다. 우리와는 차원이 다른 믿음의 소유자로 여겨지기 때문입니다. 그런데 아브라함이 고향 땅을 떠날 때에 믿음의 사람이었는가, 그렇지 않은가 하는 문제를 주의 깊게 살펴보아야 합니다.

갈 바를 알지 못하고 나아갔으며

데라가 그 아들 아브람과 하란의 아들인 그의 손자 롯과 그의 며느리 아브람의 아내 사래를 데리고 갈대아인의 우르를 떠나 가나안 땅으로 가고자 하더니 하란에 이르러 거기 거류하였으며 데라는 나이가 이백오 세가 되어 하란에서 죽었더라 (창 11:31-32)

본문 말씀인 창세기 12장을 이 말씀과 함께 보면, 여호와께서 아브라함에게 나타나신 장소는 어디입니까? 갈대아 우르입니까, 하란입니까, 가나안입니까? 하란입니다. 하란에서 나타나셨습니다. 아브라함이 갈대아 우르에서 출발하여 가나안을 향해 가는데, 그 중간에 있는 곳이 하란입니다. 거기서 하나님이 아브라함에게 나타나셨습니다.

그런데 하란까지의 여행은 누가 이끌었습니까? 아브라함 혼자

나왔습니까? 그렇지 않습니다. 창세기 11장 31절을 보면, 아브라함의 아버지 데라가 이 여정의 주도권을 쥐고 있고 아브라함은 아버지를 따라나선 것임을 알 수 있습니다. 그러면 하나님이 아브라함에게 나타나신 것은 하란에서가 처음일까요? 이에 대한 단서가 사도행전에 나옵니다. 사도행전 7장에 스데반의 설교가 나오는데, 우리 질문에 대한 실마리가 여기 들어 있습니다.

스데반이 이르되 여러분 부형들이여 들으소서 우리 조상 아브라함이 하란에 있기 전 메소보다미아에 있을 때에 영광의 하나님이 그에게 보여 이르시되 네 고향과 친척을 떠나 내가 네게 보일 땅으로 가라 하시니 아브라함이 갈대아 사람의 땅을 떠나 하란에 거하다가 그의 아버지가 죽으매 하나님이 그를 거기서 너희 지금 사는 이 땅으로 옮기셨느니라 (행 7:2-4)

창세기에는 하나님이 하란에서 나타나신 것부터 기록되어 있습니다. 그런데 스데반의 설교를 통해 아브라함의 가족이 하란에 있기 전 메소보다미아에 있을 때에, 곧 갈대아 우르에서 하나님이 이미 아브라함에게 나타나셨다는 사실을 알게 됩니다. 이 사실을 염두에 둔 채 좀 더 나아가 봅시다. 여호수아 24장 1절 이하를 보겠습니다.

여호수아가 이스라엘 모든 지파를 세겜에 모으고 이스라엘 장로

들과 그들의 수령들과 재판장들과 관리들을 부르매 그들이 하나님 앞에 나와 선지라 여호수아가 모든 백성에게 이르되 이스라엘의 하나님 여호와께서 이같이 말씀하시기를 옛적에 너희의 조상들 곧 아브라함의 아버지, 나홀의 아버지 데라가 강 저쪽에 거주하여 다른 신들을 섬겼으나 내가 너희의 조상 아브라함을 강 저쪽에서 이끌어 내어 가나안 온 땅에 두루 행하게 하고 그의 씨를 번성하게 하려고 그에게 이삭을 주었으며 (수 24:1-3)

이 말씀에는 특히 주의해서 보아야 할 내용이 있습니다. 이스라엘 민족의 조상들은 가나안에 오기 전 갈대아 우르에 살 때에 다른 신들을 섬겼다고 합니다. 아브라함의 아버지 데라도 마찬가지였습니다. 여기서 질문을 하나 해 보겠습니다. 데라가 이방신을 섬기며 살 때에 아브라함은 이방신을 섬겼을까요, 하나님을 섬겼을까요?

얼핏 보면 마치 아브라함의 아버지 데라만 다른 신들을 섬긴 것처럼 읽힙니다. 하지만 데라만 이방신을 섬겼다고 말하고자 했다면 굳이 그 앞에 '너희의 조상들'이라고 복수로 표현하지는 않았을 것입니다. 데라뿐만 아니라 다른 이스라엘 조상들도 이방신들을 섬겼기에 이렇게 표현한 것입니다. 그런데 이스라엘에게 조상이라 함은 누구를 말합니까? 아브라함입니다. 아브라함은 이스라엘 백성이 '조상'이라는 말을 들을 때에 가장 먼저 떠올리는 이름입니다. 따라서 이 구절은 '아브라함을 포함한 이스라엘의 조상들은 다른 신들을 섬겼으나'가 됩니다.

일단 여기까지 짚어 두고 한 걸음 더 들어가 봅시다. 아브라함이 믿음으로 떠난 것이 맞는지 묻게 하는 구절이 또 있습니다. 창세기 11장 31절 이하에서 보듯, 가나안으로 가는 여행을 데라가 주도하고 있습니다. 데라가 주도권을 잡고 있고 아브라함은 데라를 따라갑니다. 이런 사실로 미루어 우리는 이 여행에서 데라와 아브라함이 같은 마음이었다고 짐작해 볼 수 있습니다. 아브라함은 데라와 다른 면모를 보여 주지 않고, 오히려 그를 따르고 있습니다. 그렇다면 이 여행은 우리가 생각하듯 믿음에서 출발한 것이 아닐 수 있다는 해석이 가능하게 됩니다.

지금껏 살펴본 성경 구절들을 통해 아브라함은 우리가 기대하는 수준의 믿음을 가진 사람이 아닐지도 모른다는 생각에 이르게 됩니다. 좀 더 가 봅시다. 앞서 언급한 사도행전 7장에 나온 스데반의 설교에 이런 구절이 있었습니다. '우리 조상 아브라함이 하란에 있기 전 메소보다미아에 있을 때에 영광의 하나님이 그에게 보여 이르시되 네 고향과 친척을 떠나 내가 네게 보일 땅으로 가라'(행 7:2-3). 영광의 하나님이 아브라함에게 나타나서 '네 고향과 친척을 떠나 내가 네게 보일 땅으로 가라'라고 하셨습니다. 만일 아브라함에게 고향과 친척과 아버지의 집을 떠나는 일이 여호와를 믿는 신앙에서 비롯한 결단으로서 이방신을 섬기는 자기의 가문을 떠나는 싸움이었다면, 그는 혈연관계를 깨서라도 기꺼이 믿음을 지키려고 했을 것입니다. 그렇다면 일단 아브라함은 이방신을 숭배하는 아버지 데라에게서 도망쳐 나와야 맞습니다.

그런데 아브라함은 아버지 데라와 갈라서지 않았습니다. 그는 아버지와 함께 움직이고 있습니다. 그것도 아버지의 주도적인 인도에 따라 움직이고 있습니다. 그러니 데라와 아브라함은 아직 한통속이라고 보아야 합니다. 이방신을 섬기고 있었다는 점에서 아브라함은 아버지 데라와 한편인 것입니다.

아브라함이 길을 떠나게 된 것은 아마 꿈에 잘 알지 못하는 분을 만났기 때문인 것 같습니다. 생전 처음 이런 일을 겪은 아브라함이 할 수 있는 일이란 무엇이었겠습니까? 어찌 된 영문인지 모르니 누구의 조언이 필요했을 것입니다. 당시는 집안의 우두머리인 아버지가 믿고 의논할 상대였을 것입니다. 아마 아브라함은 아버지에게 이 일을 어찌하면 좋겠냐고 상의했을 것입니다. "아버지, 간밤에 참 이상한 꿈인지 환상인지를 보았습니다. 형언할 수 없는 광채와 빛난 영광 속에 있는 어떤 신이 저에게 말하기를 '내가 너에게 복을 주려고 하니 너는 내가 지시할 땅으로 가라'라고 했습니다. 아버지, 이 일을 어쩌면 좋습니까?" 데라가 자기에게 상의하러 온 아브라함을 보니 땀을 줄줄 흘리는가 하면, 온몸에 소름이 돋은 채 몹시 두려워하며 긴장된 표정이 역력합니다. 게다가 더할 나위 없이 진지합니다. '아! 간밤에 내 아들에게 무슨 일이 생겼구나. 이상한 환상이라도 보았나 보다.' 하나님이 어떤 분인지 알지는 못했지만 이방신이라도 섬길 줄 아는 종교심이 있는 데라였기에 이런 생각을 했을 것입니다. 그렇게까지 인간에게 찾아온 신의 명령을 거부했다가는 어떤 일을 당하게 될지 모른다고 말입니다. 그래서 아버지 데라는 일단 아브라함의 말대로 해야겠다고 작정한 후 그가 주동이 되어 자신의 명령권이 미치는 가족들을 모아서 길을 떠나게 된 것이 아닌가, 이렇게 생각합니다. 성경이 아브라함에 대해 말하고 싶은 점은 오히려 이편인 것 같습니다.

그렇게 그들은 갈대아 우르를 떠나와 하란에 이릅니다. 이해하기 쉽게 말하자면 서울에서 "만주로 가라"고 해서 출발했는데, 신의주쯤 다다른 것입니다. 그런데 하란에 이르자 차마 거기서 더 나아가지 못합니다. 이는 아마 신변의 안전에 관한 문제 때문이었을 것입니다. 당시는 개인의 안전을 책임져 줄 제도가 미미한 시대라서 자기 목숨과 재산을 스스로 지켜야 했습니다. 이런 정황에서 데라는 아브라함과 사라와 롯과 기타 권속을 이끌고 이 긴 여행을 시작했습니다.

그런데 하란까지 가 보니 데라도 아브라함도 더 이상 나아갈 자신이 없었던 것입니다. 데라와 아브라함 일행은 아브라함이 본 환상 하나만 가지고서는 자기들에게 익숙한 문명사회를 벗어나 재산이 어떻게 될지, 미래가 어떻게 펼쳐질지, 심지어는 목숨마저 부지할 수 있을지 장담하기 힘든 곳에 발을 척 하고 내디딜 수 있는 사람들이 아니었습니다. 신앙이라는 이름을 붙일 단계는 아직 아니었던 것입니다. 그저 그렇게 떠밀려 하란까지 온 것입니다. 고향과 친척과 아버지의 집을 떠나지 않았다가는 무슨 일을 당할지도 모른다는 최소한의 종교심 때문에 겁을 집어먹고 하란까지 내몰린 것에 불과합니다.

아브라함과 그의 집안은 유프라테스 강 저편에 거할 때에 이방 신을 섬기고 있었습니다. 그때 영광의 하나님이 아브라함에게 나타나셔서 고향을 떠나 가나안으로 가라고 하셨습니다. 이 명령에 아브라함은 어리둥절해했고, 아버지와 함께 하란까지 갑니다. 환상에 등 떠밀려 간 것입니다. 하란에서 아버지 데라가 죽자 다시 등 떠밀려 가나안에 들어갑니다. 하나님이 아브라함을 계속 밀어내어 가나안까지 이르게 한 것입니다.

우리가 믿음의 모범으로 여기는 아브라함은 불신앙에서 출발한 아브라함입니다. 그래서 우리가 믿는 구원이 은혜인 것입니다. 아브라함이 처음부터 믿음의 사람이었던 것은 아닙니다. 그는 우리와 같은 수준에서 출발했지만 마침내 가나안에 들어간 사람입니다. 하나님이 그를 거기까지 인도하시고 강권하셨습니다. 아브라함에게는 좀 미안한 표현이지만, 하나님이 아브라함의 목덜미를 끌고 가나안까지 들어가신 셈입니다.

믿음으로
아브라함은
지금껏 설명을 잘 따라왔다면 의문이 하나 생길 것입니다. 히브리서 11장 8절에서는 '믿음으로 아브라함은 부르심을 받'아 약속의 땅에 나아갔다고 하기 때문입니다. 왜 히브리서는 하나님을 믿지 않고 살았던 아브라함이 가나안을 향해 길을 떠난 것을 '믿음으로' 출발한 여정이라고 보았을까요? 여기서 성경이 말하는 중요한 주제인 믿음에 대한 정의를 내려 볼 수 있습니다.

믿음으로 아브라함은 부르심을 받았을 때에 순종하여 장래의 유업으로 받을 땅에 나아갈새 갈 바를 알지 못하고 나아갔으며 믿음으로 그가 이방의 땅에 있는 것 같이 약속의 땅에 거류하여 동일한 약속을 유업으로 함께 받은 이삭 및 야곱과 더불어 장막에 거하였으니 (히 11:8-9)

믿음이 가장 중요하다는 이야기를 하기 위해 여기에 '믿음'이 등장한 것입니다. 믿음이란 무엇입니까? 믿음은 하나님이 우리를 설득하시는 작업, 곧 하나님의 일하심을 가리킵니다. 신자는 누구든 하나님 앞에 설득당한 사람입니다. 그 과정에서 맨 나중에 설득되는 것이 '이해'입니다. 하나님은 맨 먼저 우리의 운명부터 설득하시고, 다음으로 우리의 인생을, 마지막으로 우리의 이해를 설득하십니다. 그러니 우리의 운명이 하나님에게 설득되어 구원을 얻었다는 사실을 잊지 마십시오. 우리가 이해하고 인정하고 공감하기 전에 우리 인생이 하나님의 손에 인도되고 있었다는 사실로 기뻐하십시오. 그것이 아브라함의 생애를 통하여 드러나는 하나님의 일하심입니다. 하나님이 아브라함을 끈질기게 설득하셔서 갈 바를 알지 못하는 아브라함이 가나안을 향해 길을 떠났습니다. 그래서 히브리서는 아브라함이 '믿음으로' 출발했다고 선언한 것입니다.

아브라함은 본래 훌륭한 믿음의 사람이었는가, 아니면 하나님이 그를 훌륭하게 만들어 가셨는가 하는 것이 아브라함의 생애에서 우리가 추적해야 할 중요한 주제입니다. 우리도 아브라함처럼 인도되어 이 자리까지 왔습니다. 여기가 어디쯤일까요? 아마 이제 막 가나안에 들어왔을까요? 가나안에 들어온 지 얼마 되지 않았다면 정신이 하나도 없을 것입니다. 그러나 결국 하나님은 우리를, 이삭을 바치는 자리까지 이끌어 가실 것입니다. 그것이 하나님의 인도요, 하나님의 설득입니다.

질문하기

1. 하란까지의 여행은 누가 이끌었습니까?

2. 아브라함은 갈대아 우르에 살 때 어떤 신을 섬겼습니까?

3. 신자는 어떤 사람입니까?

나누기

교회에 처음 나오게 된 사연을 함께 나누어 봅시다.

02

그가 거기서 여호와의 이름을 불렀더라

10 그 땅에 기근이 들었으므로 아브람이 애굽에 거류하려고 그리로 내려갔으니 이는 그 땅에 기근이 심하였음이라 11 그가 애굽에 가까이 이르렀을 때에 그의 아내 사래에게 말하되 내가 알기에 그대는 아리따운 여인이라 12 애굽 사람이 그대를 볼 때에 이르기를 이는 그의 아내라 하여 나는 죽이고 그대는 살리리니 13 원하건대 그대는 나의 누이라 하라 그러면 내가 그대로 말미암아 안전하고 내 목숨이 그대로 말미암아 보존되리라 하니라 14 아브람이 애굽에 이르렀을 때에 애굽 사람들이 그 여인이 심히 아리따움을 보았고 15 바로의 고관들도 그를 보고 바로 앞에서 청찬하므로 그 여인을 바로의 궁으로 이끌어들인지라 16 이에 바

로가 그로 말미암아 아브람을 후대하므로 아브람이 양과 소와 노비와 암수 나귀와 낙타를 얻었더라 **17** 여호와께서 아브람의 아내 사래의 일로 바로와 그 집에 큰 재앙을 내리신지라 **18** 바로가 아브람을 불러서 이르되 네가 어찌하여 나에게 이렇게 행하였느냐 네가 어찌하여 그를 네 아내라고 내게 말하지 아니하였느냐 **19** 네가 어찌 그를 누이라 하여 내가 그를 데려다가 아내를 삼게 하였느냐 네 아내가 여기 있으니 이제 데려가라 하고 **20** 바로가 사람들에게 그의 일을 명하매 그들이 그와 함께 그의 아내와 그의 모든 소유를 보내었더라 (창 12:10-20)

이번 장에서는 가나안 땅에 들어간 아브라함의 이후 행적에 대해 살펴보겠습니다. 창세기 12장에는 아브라함이 가나안에서 기근을 만나자 애굽으로 내려간 사건이 기록되어 있습니다. 아브라함이 애굽에 다녀온 이후의 행적은 13장과 14장에 나옵니다. 13장에는 아브라함이 롯과 헤어지는 사건이, 이어 14장에는 가나안 지역에 일어난 전쟁으로 포로가 된 롯을 아브라함이 구해 낸 사건이 담겨 있습니다.

애굽에 거류하려고 그리로 내려갔으니

아브라함이 기근을 만나 애굽으로 내려간 일을

마주할 때, 이런 질문이 생깁니다. 기근 때문에 애굽에 내려간 일을 신앙의 타락으로 볼 것인가 하는 질문입니다. 만일 아브라함이 갈대아 우르를 떠날 때 이미 믿음의 사람이었다고 하면, 그가 기근을 면하러 애굽에 내려간 사건은 신앙의 타락으로 볼 여지가 있습니다. 기근 때문에 믿음이 연약해져서 가나안에 계속 거하지 못하고 애굽으로 내려간 것이니 말입니다. 이런 관점에서 보면 이렇게 결론을 내리기 쉽습니다. 아브라함은 끝까지 하나님만 붙들어야 했는데 믿음이 흔들리는 바람에 애굽으로 내려가다 결국 어려운 일을 만나게 되었다, 와 같은 손쉬운 결론 말입니다. 그러나 아브라함이 애굽으로 내려간 일을 신앙의 타락으로 볼 수 없다면, 애굽에서 사라를 빼앗긴 사건 또한 그리 간단히 해석될 수 없을 것입니다.

아브라함이 애굽에 내려간 사건도 '아브라함은 본래 믿음의 사람이 아니었다' 하는 관점으로 읽어야 합니다. 그래야 이 사건을 바로 이해할 수 있습니다. 그러면 이제 새로운 질문을 가지고 이 사건을 살펴봅시다. 아브라함을 떠밀어 마침내 가나안까지 들여보내신 하나님은 왜 그 시점에 기근을 허락하여 아브라함을 애굽으로 몰아내셨을까요?

부재와 침묵의
메시지

먼저 확인해 볼 것은 애굽에 내려간 일로 하나님이 아브라함을 꾸짖으셨는가 하는 점입니다. 성경에는 하나님이 이 일로 아브라함을 꾸짖으셨다는 기록이 없습니다. 왜 이 사건에서는 꾸짖지 않으셨을까요? 여기에는 좀 더 생각해야 할 내용이 있습니다.

애굽에 다녀온 아브라함은 이전과는 사뭇 달라 보입니다. 아브라함의 변화된 모습에서 애굽에 내려간 사건의 의의를 발견할 수 있습니다. 아브라함의 달라진 면모는 이어지는 두 사건에서 확인됩니다. 하나는 롯과 갈라서기로 결단한 일이고, 다른 하나는 가나안 전쟁에 감히 뛰어든 일입니다. 아브라함은 이전과 달리 놀랍게 담대해져 있습니다.

먼저 아브라함이 롯과 헤어진 사건을 생각해 봅시다. 이 사건은 쉽게 볼 일이 아닙니다. 아브라함은 고향을 떠날 때에 홀로 나오지 않았습니다. 그는 아버지 데라를 따라 조카 롯과 함께 떠나왔습니다. 당시는 안전을 쉽게 보장받을 수 없던 때였습니다. 자기 아내를 누이라고 속여야 겨우 살아남을 수 있을 만큼 살벌한 시대였습니다. 언제 누가 쳐들어와 재물을 약탈하고 가족을 노예로 붙잡아 갈지 모르는 형국이라 아무런 연고가 없는 곳으로 떠나는 것은 온갖 위험을 감수하는 일로 여겨졌습니다. 이런 정황인데 아브라함은 롯과 헤어지기로 결단합니다. 중대한 결단입니다. 심지어 아브라함은 롯이 더 좋은 곳을 선택할 수 있도록 그에게 우선 권까지 줍니다. 고향을 떠나올 당시 우유부단했던 모습과는 많이 달라져 있습니다.

애굽에 다녀온 이후 아브라함의 달라진 또 다른 면모는 전쟁에 뛰어들어 롯을 구출한 사건에서도 잘 드러납니다.

당시에 시날 왕 아므라벨과 엘라살 왕 아리옥과 엘람 왕 그돌라오 멜과 고임 왕 디달이 소돔 왕 베라와 고모라 왕 비르사와 아드마 왕 시납과 스보임 왕 세메벨과 벨라 곧 소알 왕과 싸우니라 (창 14:1-2)

가나안의 여러 족속들이 두 편으로 나뉘어 싸웁니다. 한편은 네 왕이 연합하고 다른 한편은 다섯 왕이 동맹하여 싸웁니다. 이런 상황에서 아브라함은 자기 목숨 하나 부지하기도 쉽지 않았을 것입니다. 그런데 아브라함은 자기 조카를 살리겠다고 떨쳐나섭니다. 지금 자기가 싸우려는 상대가 누구인지는 아브라함에게 전혀 중요하지 않습니다. 아홉 나라의 수장이 가담한 거대한 전쟁에 아브라함은 조카 하나 구출하겠다고 집에서 훈련한 하인 삼백십팔 명을 데리고 쳐들어갑니다.

위험천만한 전쟁에 뛰어들다니 아브라함의 이런 배짱은 대체 어디서 나온 것일까요? 아마 애굽에서의 경험, 즉 애굽에서 사라를 빼앗은 일로 바로가 재앙을 입게 된 일을 목도하면서 생겼을 것입니다. 앞서 언급했듯, 아브라함이 애굽에 내려간 것은 믿음이

약해져서가 아니었습니다. 당시 아브라함에게는 신앙이라 이름 붙일 만한 것이 없었습니다.

아브라함은 마침내 가나안에 도착하지만, 거기서 기근을 만나자 먹고살기 위해 다시 애굽으로 내려갑니다. 애굽에 내려갈 당시 아브라함이 가진 믿음은 '하나님은 기근 속에서도 나를 먹여 살리실 수 있는 분이다' 하는 수준까지 아직 이르지 못했습니다. 그래서 물이 있는 곳, 자기 가족과 양 떼를 먹일 수 있는 곳을 찾아 이동하다 보니 애굽까지 내려가게 된 것입니다.

애굽에 다다르자 아브라함은 자기 아내의 빼어난 미모가 걱정입니다. 아리따운 사라를 빼앗으려고 남편인 자기를 죽일 것이 뻔하기 때문입니다. 그런데 부부가 아니라 오누이라고 하면 사람들이 자신을 후하게 대접해 줄 것이라는 생각이 스쳤습니다. 이에 아브라함은 목숨을 부지하기 위해 사라를 자기 누이라고 하기로 말을 맞추고는 애굽으로 내려갑니다. 애굽에 이르자 걱정했던 것처럼 사라를 빼앗기는 일이 실제로 일어납니다. 사라를 빼앗은 상대는 다름 아닌 천하의 바로입니다.

당시 애굽 왕 바로는 문명 세계의 최고 통치자로 막강한 지위에 있는 자입니다. 그런 천하의 바로가 아브라함의 아내를 빼앗은 일 하나 때문에 하나님에게 밤새 터진 것입니다. 얼마나 혼쭐이 났는지 바로는 사라를 아브라함에게 돌려주고 금은보화까지 얹어 주면서 떠나라고 합니다. 자기가 당한 재앙이 아브라함 때문인 줄 깨달았던 것입니다. 이런 일을 겪으며 아브라함은 놀랍니다. 당시 아브라함은 믿음을 논할 수준에 있지 않았지만, 이 사건을 경험하면서 하나님에 대해 무엇인가 깨닫게 됩니다. 하나님은 도대체 어떤 분이기에 천하의 바로도 이렇게 꼼짝 못한다는 말인가, 하나님은 왜 바로를 무릎 꿇리면서까지 내 편을 들어주시는가, 이런 생각을 하기에 이릅니다.

믿음, 하나님의
설득하심

하나님은 인간을 설득해 오십니다. 하나님은 당신을 보여 주지도 않은 채 일단 믿어 보라고 하지 않으십니다. 도박에서 대박을 암시하며 판돈을 요구하듯, 그렇게 하나님은 우리에게 먼저 믿음을 내놓으라고 요구하는 분이 아닙니다. 믿음은 요행을 바라며 자기가 가진 모든 것을 한번에 내걸게 하는 도박이 아닌 것입니다. 그렇다면 믿음이란 무엇일까요? 믿음은 우리를 설득하시는 하나님의 넘치도록 은혜로운 사랑의 열심을 가리키는 말입니다. 그 설득에 녹아나지 않을 사람이 없습니다. 하나님은 우리를 그렇게 설득해 오십니다.

하나님과의 인격적 관계 속에서 경험하는 것이 아닌, 스스로 만들어 내놓는 결단이나 의지를 믿음이라고 하지 않습니다. 그러하기에 아브라함은 믿음의 사람이다, 아브라함이 복을 받은 것은 그에게 믿음이 있었기 때문이다, 라고 쉽게 도식화해서는 안 됩니다. 하나님이 아브라함을 설득하시기 전에 아브라함이 홀로 믿음을 내놓은 것이 아닙니다. 하나님이 우리를 설득해 오시는 것, 이것이 믿음입니다. 하나님이 아브라함을 설득해 오셨고, 그 설득에 아브라함이 반응한 것입니다. 믿음이 의미하는 바가 바로 이것입니다. 그것이 멋있고 명확하게 드러난 예가 바로 아브라함의 생애입니다.

믿음은 하나님이 인간에게 먼저 찾아오셔서 심으시고 키우시고 열매 맺게 하시는 일입니다. 아브라함이 경험한 것이 바로 이것입니다. 아브라함은 애굽에 내려가 사라를 빼앗긴 일을 통해 하나님에 대해 톡톡히 훈련받습니다. 바로가 하나님에게 얻어터지는 것을 보고 아브라함은 그의 생애를 통틀어 가장 크게 놀랐던 것 같습니다. 거기서 그는 처음으로 믿음에 눈뜨게 됩니다. '아, 하나님이 이런 분이구나' 하고 비로소 알게 된 것입니다.

이런 하나님을 경험하였기에 아브라함은 롯과 헤어지는 결단을 감히 내릴 수 있었습니다. "롯아, 땅은 좁은데 우리 재산이 너무 많아 함께 살 수가 없구나. 우리는 한 혈육이니 서로 다투지 말자. 네가 가고 싶은 곳을 먼저 택해서 떠나라. 네가 왼쪽으로 가면 나는 오른쪽으로 가고 네가 오른쪽으로 가면 나는 왼쪽으로 가겠다." 대단한 결정입니다. 온 가족을 이끌고 기근을 면하러 애굽까지 내려갔던 일을 생각해 보십시오. 그랬던 그가 무슨 배짱으로 이런 엄청난 결단을 내릴 수 있었을까요.

기근에 쫓겨 애굽까지 내려갔던 아브라함이 바로 그 애굽에서 하나님을 경험한 것입니다. '하나님은 어떤 분이기에 천하의 바로마저 제압하셨던 걸까. 바로보다 훨씬 세다니 하나님은 정말 대단하신 분인가 보다. 그런데 이 대단한 하나님이 나를 편들어 주시다니' 하고 깨닫게 된 것입니다. 이 깨달음을 얻은 아브라함은 롯을 구하러 가게 됩니다. 롯이 사로잡힌 것을 보자 아브라함이 떨쳐 일어나 전쟁 속으로 뛰어듭니다.

하나님이 설득하시지 않는 인생은 없습니다. 아브라함에게 보이신 하나님의 설득과 개입이 우리의 신앙 여정에도 있습니다. 자신의 인생을 이런 눈으로 바라보아야 합니다. 이삭을 고대하며 바라볼 수 있어야 합니다. 처음부터 이삭을 바치는 자리에 가 있는 사람은 없다는 사실을 기억하십시오. 아브라함도 마찬가지입니다. 오늘 각자가 서 있는 믿음의 자리는 지금까지 하나님이 우리를 설득해 이르게 하신 자리입니다.

지금껏 하나님은 우리를 설득해 오셨고 지금도 여전히 설득하고 계십니다. 하나님에게 설복되는 만큼 우리의 믿음도 성장합니다. 하나님에게 우리 삶에 개입해 달라고 기도하는 이유가 바로 여기 있습니다. 우리의 믿음은 하나님의 설득과 개입으로 자라기 때문입니다. '하나님의 하나님 되심'에 담긴 놀라운 점 하나는 그 위대하신 하나님이 우리를 설득하신다는 사실입니다. 하나님은 눈물로 찾아오시고, 긍휼과 자비와 오래 참음과 다함이 없는 열심으로 설득해 오십니다. 이 하나님의 역사하심을 깊이 경험하기 바랍니다.

질문하기

1. 아브라함이 애굽에 내려간 사건은 어떤 관점으로 읽어야 합니까?

2. 자기 조카를 구해 내기 위해 위험천만한 전쟁에 뛰어든 아브라함의 배짱은 어디에서 나온 것입니까?

3. 믿음은 하나님이 인간에게 먼저 찾아오셔서 무엇을 하시는 일입니까?

나누기

내가 생각하는 믿음과 본문에서 이야기하는 믿음에 차이가 있습니까? 함께 나누어 봅시다.

아브라함이 여호와를 믿으니

03

───────── 5 그를 이끌고 밖으로 나가 이르시되 하늘을 우러러 뭇별을 셀 수 있나 보라 또 그에게 이르시되 네 자손이 이와 같으리라 6 아브람이 여호와를 믿으니 여호와께서 이를 그의 의로 여기시고 7 또 그에게 이르시되 나는 이 땅을 네게 주어 소유를 삼게 하려고 너를 갈대아인의 우르에서 이끌어 낸 여호와니라 (창 15:5-7)

"아브람이 여호와를 믿으니 여호와께서 이를 그의 의로 여기시고"라는 말씀은 단순해 보입니다. 이 구절을 '아브라함이 하나님을 믿자 그 믿음이 구원의 조건을 충족하여 하나님이 그를 의롭다고 인정해 주셨다'라고, 다시 말해 '하나님이 아브라함을 의롭

다고 인정해 주신 것은 그가 하나님을 믿은 결과이다'라고 해석
하면 간단합니다. 하지만 이 말씀에는 잘 생각해야 깨달을 수 있
는 진리가 담겨 있습니다. 우리 구원의 근거를 무엇으로 이해할
것인가 하는 중요한 질문을 여기서 대면하게 됩니다.

믿음은 어디서 오는가

'아브람이 여호와를 믿으니'라는 표현은 창세기
15장에 가서야 처음 등장합니다. 그리고 이런 아브라함의 믿음에
대해 하나님이 의롭다고 인정해 주시는 내용이 바로 뒤에 이어집
니다. 앞 장에서 말했듯이, 고향을 떠날 때의 아브라함은 하나님
을 믿는 사람이 아니었습니다. 그런데 15장에 이르면 아브라함에
게 믿음이 있다는 것을 알 수 있습니다. 갈대아 우르를 떠날 때에
는 하나님을 알지도 믿지도 않았던 아브라함에게 이제 믿음이 생
긴 것일까요? 그렇다면 이 믿음은 어디서 온 것일까요?

이 믿음은 하나님에게서 온 것입니다. 여태 하나님을 모르고 살
아온 아브라함을, 그의 고향과 친척과 아버지의 집 곧 이방신을
섬기고 이방신밖에 모르던 곳에서 불러내신 분은 바로 하나님입
니다. 이 하나님이 아브라함에게 여러 번 나타나시고 여러 사건을
통해 역사하시며 그의 생애를 주장하시어 마침내 그를 설복한 것
입니다. 이 같은 하나님의 끈질긴 설득하심의 결정체가 바로 믿음

입니다. 이것이 창세기 15장 6절을 통해 발견해야 할 가장 중요한 내용입니다. 믿음은 아브라함이 스스로 결단하고 의지를 발휘하면 그냥 만들어 낼 수 있는 것이 아닙니다. 하나님이 아브라함을 열심히 설득하셔서 아브라함 안에 자라나게 하신 것, 아브라함을 향한 하나님의 일하심의 결정체, 그것이 아브라함이 내보인 믿음입니다. 성경이 믿음에 대해 말하고 싶은 이야기가 바로 이것입니다.

구원, 보수(報酬)가 아닌 은혜

믿음에 관해서는 창세기 15장 6절을 인용하여 구원을 이야기하고 있는 바울의 설명을 통해 더 잘 이해할 수 있게 됩니다. 로마서 4장입니다.

그런즉 육신으로 우리 조상인 아브라함이 무엇을 얻었다 하리요 만일 아브라함이 행위로써 의롭다 하심을 받았으면 자랑할 것이 있으려니와 하나님 앞에서는 없느니라 성경이 무엇을 말하느냐 아브라함이 하나님을 믿으매 그것이 그에게 의로 여겨진 바 되었느니라 일하는 자에게는 그 삯이 은혜로 여겨지지 아니하고 보수로 여겨지거니와 일을 아니할지라도 경건하지 아니한 자를 의롭다 하시는 이를 믿는 자에게는 그의 믿음을 의로 여기시나니 일한 것이 없이 하나님께 의로 여기심을 받는 사람의 복에 대하여 다윗이 말한 바 불법이 사함을 받고 죄가 가리어짐을 받는 사람들은 복이 있고 주께서 그 죄를 인정하지 아니하실 사람은 복이 있도다 함과 같으니라 (롬 4:1-8)

4절과 5절을 보면 "일하는 자에게는 그 삯이 은혜로 여겨지지 아니하고 보수로 여겨지거니와 일을 아니할지라도 경건하지 아니한 자를 의롭다 하시는 이를 믿는 자에게는 그의 믿음을 의로 여기시나니"라고 하여 은혜와 보수를 구분하고 있습니다. 보수는 자기가 한 일에 대한 대가로 받는 삯이니 이는 일한 자가 누리는 당연한 권리입니다. 그래서 일한 대가로 얻는 삯은 보수일 뿐, 은혜가 아닙니다. 내가 만 원어치 일을 하여 그 대가로 만 원을 받았다면 보수이지 은혜가 아닙니다. 그런데 구원은 은혜라고 합니다.

다시 아브라함의 이야기로 돌아와 봅시다. 아브라함은 창세기 11장부터 등장하는데, 15장에 이르러서야 비로소 '아브람이 여호와를 믿으니'라고 하여 믿음이라는 단어가 나옵니다. 아브라함의 생애를 굳이 죽 나열한 뒤 15장에 와서야 믿음에 대해 이야기하는 것입니다. 여기에 와서야 '아브람이 여호와를 믿으니'라는 표현이 나오는 것을 보면, 아브라함에게 처음부터 믿음이 있지 않았다는 것을 알 수 있습니다. 환상 중에 나타나셔서 이방신 말고는 아는 게 없는 아브라함을 부르심으로 시작된 하나님의 설득이 마침내 아브라함으로 하여금 믿음의 자리, 의롭다고 여김을 받는 자리에 이르게 한 것입니다. 이처럼 구원은 하나님이 우리를 거듭 나게 하시고 설득하셔서 그분의 자녀가 되게 하는 행위입니다. 구원은 전적인 하나님의 일하심인 것입니다.

우리에게서 시작되지 않은 믿음

구원받은 이유를 자기 안에서 발견할 수 없어도 구원받았다는 것을 어떻게 알 수 있을까요? 자기가 구원받았다는 것을 모두가 이해하도록 설명할 수 없더라도 실제로 자기가 구원받았다는 것을 무엇으로 확신할 수 있을까요? 이 질문에 부합하는 좋은 예가 요한복음 9장에 나옵니다.

요한복음 9장에는 날 때부터 맹인이었던 사람의 눈을 예수님이 고쳐 주신 사건이 나옵니다. 바리새인들은 안식일에 이런 일이 일어났다고 소동하며 맹인이었던 사람에게 취조하듯 묻습니다. 그러자 그가 이렇게 대답합니다. "내 눈을 뜨게 해 준 사람이 어떤 분인지, 이런 일이 어떻게 일어났는지 나는 모릅니다. 다만 한 가지 아는 것은 내가 전에는 눈이 멀었는데 지금은 보게 되었다는 것입니다." 이 대답 안에 구원에 대한 인식과 관련하여 시사해 주는 바가 있습니다. 전에는 앞을 볼 수 없던 자가 이제 보게 되었다는 것입니다. 구원 얻은 우리가 아는 것도 딱 하나입니다. 전에는 하나님을 몰랐는데 이제는 하나님을 안다는 것입니다.

성경이 구원 얻지 못한 자와 구원 얻은 자를 구별하는 기준은 하나입니다. 전자는 사망의 잠을 자고 있기 때문에 하나님에 대한 관심이 없고 하나님을 알지도 못합니다. 혹 무엇이 있다 해도 증오심만 있을 뿐입니다. 후자는 하나님을 알기에 하나님에 대한 관심이 있습니다. 하나님에 대한 인식이 있기에 매사를 그분과 연결하여 생각합니다. 비록 아직은 자기 멋대로 성경을 해석할 때도 있고 하나님의 이름을 엉뚱하게 갖다 붙일 때도 있지만, 여하튼 모든 것을 하나님과 연관하여 생각합니다. 말도 안 되는 일을 저질러 놓고도 '이렇게 하면 하나님이 좋아하신대' 하고 뿌듯해하는 사람도 있습니다. 이런 사람을 보더라도 너무 구박하지 마십시오. 아직 신앙이 어릴 뿐, 이런 사람도 구원 얻은 자이기 때문입니다.

　언제 믿게 되었느냐를 기준으로 신자를 나눠 보면, 우선 믿음의 가정에서 태어나 별다른 계기 없이 예수를 믿게 된 사람들이 있습니다. 한편, 하나님과 관계없이 살아오다가 어느 날 문득 예수를 만난 갑작스러운 경험으로 믿게 된 부류도 있습니다. 후자에 속한 사람은 전자에 속한 사람보다 구원에 대한 인식이 훨씬 명확하고 신앙생활도 더 감격스럽습니다. 그렇다고 후자만 구원을 얻었을까요? 전자도 구원을 얻었습니다. 후자처럼 구원을 얻은 사실과 구원을 인식하는 일을 하나의 사건으로 경험하는 이들도 있지만 그렇지 않은 사람도 많은 것입니다. 이미 구원을 얻었으나 이를 인식하고 확신하기까지 간극이 있어서 감격의 온도차가 있을 뿐 구원 얻은 것은 마찬가지입니다.

구원을 얻음과 동시에 구원을 인식하는 사람들은 어찌 보면 분명해서 좋을 것 같습니다. 어느 날 예수를 알게 되어 모든 것이 싹 바뀌어 버렸으니 말입니다. 대표적인 예가 사도 바울입니다. 그는 다메섹으로 가는 길에서 예수 그리스도를 만나 완전히 뒤집어집니다. 예수를 박해하러 가던 자에서 예수를 위해 죽는 사람으로 말입니다.

그런데 꼭 이런 사람들만 있는 것은 아닙니다. 물에 물 탄 듯 술에 술 탄 듯, 구원 얻기 전과 후가 별반 다르지 않은 사람들이 있습니다. 이 부류에 속한 이들은 '내가 구원받은 것이 맞는가' 하고 자신을 돌아볼 때면 매우 당황하게 됩니다. 자신의 모습이 신자 같아 보이지 않기 때문입니다. 그래서 이럴 바에야 차라리 교회를 떠났다가 다시 돌아오는 극단적 방법을 택합니다. 밑바닥까지 타락을 경험하여 과연 하나님이 내 삶에 관심이 있는지를 확인하려는 것입니다. 하나님이 타락한 자신을 치시면, 그것으로 구원의 확신을 얻어 감격해서 돌아옵니다. 우리나라 사람들이 잘 써먹는 구원 확인법입니다. 교회만 조용히 다녀서는 구원을 극적으로 체험할 도리가 없으니 이런 철없는 방법을 쓰는 것입니다.

"나는 이제 예수를 믿기로 결단했다"라든가 "나는 예수 그리스도를 영접한다"라는 말을 할 수 있는 것은 이미 구원 얻은 사람이기에 가능한 것입니다. 믿지 않은 사람을 전도할 때에 그에게 결단을 촉구하려고 "예수를 영접하십시오", "이제 믿기로 결심하십시오"라고 표현하지만, 사실 누가 이 말에 반응하여 결단하였다면 그는 이미 구원 얻은 사람이라서 반응할 수 있었던 것입니다. 구원이 그리고 믿음이 우리에게서 시작되지 않았다는 사실을 잊어서는 안 됩니다.

'아브람이 여호와를 믿으니'라는 구절을 보면서 '드디어 아브라함은 하나님에게 이만큼 설득되었구나. 하나님이 역사하여 일으키신 영혼이 여기까지 이르렀구나' 하고 읽어 낼 수 있어야 합니다. 그리고 이 아브라함을 인도하신 하나님이 우리도 동일하게 부르셨다는 사실을 깨달아야 합니다. 이것이 본문 말씀을 통하여 하나님이 우리에게 말씀하시는 내용입니다.

우리는 어떻게 구원을 얻었습니까? 우리가 믿어서 구원을 얻은 것이 아니라, 하나님이 우리를 이 자리까지 이끌고 오셔서 일어난 일입니다. 그랬더니 어느 날 우리가 "주여, 제가 주를 믿습니다"라고 고백하게 된 것입니다. 참으로 놀랍습니다. 우리 중 누가 하나님을 알았습니까? 누가 구원의 필요성을 깨달아서 "주여, 오시옵소서"라고 요구했습니까? 아무도 알지 못했습니다. 하나님이 설득하셔서 우리가 이 자리까지 이르게 된 것입니다. 우리의 노력이 아니라 하나님의 지극한 설득과 인도로 믿음의 자리에 다다랐음을 잊지 않기 바랍니다.

질문하기

1. '아브라함이 여호와를 믿는다'라는 표현은 성경 어디에서 처음 등장합니까?

2. 구원받았다는 것을 무엇으로 확신할 수 있습니까?

3. '아브람이 여호와를 믿으니'(창 15:6)라는 구절에서 읽어 내야 하는 내용은 무엇입니까?

나누기

'나는 하나님을 믿는다'라고 언제부터 생각했는지 나누어 봅시다.

04

아버지가 되게 함이니라

내가 너를 여러 민족의

1 아브람이 구십구 세 때에 여호와께서 아브람에게 나타나서 그에게 이르시되 나는 전능한 하나님이라 너는 내 앞에서 행하여 완전하라 2 내가 내 언약을 나와 너 사이에 두어 너를 크게 번성하게 하리라 하시니 3 아브람이 엎드렸더니 하나님이 또 그에게 말씀하여 이르시되 4 보라 내 언약이 너와 함께 있으니 너는 여러 민족의 아버지가 될지라 5 이제 후로는 네 이름을 아브람이라 하지 아니하고 아브라함이라 하리니 이는 내가 너를 여러 민족의 아버지가 되게 함이니라 6 내가 너로 심히 번성하게 하리니 내가 네게서 민족들이 나게 하며 왕들이 네게로부터 나오리라 7 내가 내 언약을 나와 너 및 네 대대 후손 사이에 세워서 영원한

언약을 삼고 너와 네 후손의 하나님이 되리라 8 내가 너와 네 후손에게 네가 거류하는 이 땅 곧 가나안 온 땅을 주어 영원한 기업이 되게 하고 나는 그들의 하나님이 되리라 (창 17:1-8)

본문 말씀에는 아브람의 이름이 아브라함으로 바뀌게 된 일이 기록되어 있습니다. 그런데 이 새로운 이름이 처음 등장하는 장면의 분위기는 우리가 생각하는 것과는 좀 다릅니다. 하나님이 아브라함에게 하신 말씀을 보면 여기서 아브라함은 그리 좋게 그려져 있지 않은 것 같습니다. 하나님은 구십구 세가 된 아브라함에게 나타나셔서 '나는 전능한 하나님이라 너는 내 앞에서 행하여 완전하라'라고 말씀하십니다. 이 말씀을 듣고 있는 아브라함의 반응을 보면 그도 무엇인가 거리끼는 일이 있는 것 같습니다. 하나님의 말씀은 '내가 내 언약을 나와 너 사이에 두어 너를 크게 번성하게 하리라'라고 이어지는데, 이 말씀을 듣던 아브라함이 엎드립니다. 그는 왜 하나님의 말씀을 듣다가 엎드렸을까요? 아브라함의 반응을 보면 상황이 심상치 않다는 것을 짐작해 볼 수 있습니다.

나는 전능한
하나님이라

하나님이 아브라함에게 '나는 전능한 하나님이

라 너는 내 앞에서 행하여 완전하라'라고 말씀을 시작하신 데에는 이유가 있습니다. 창세기 15장으로 거슬러 올라가 봅시다. 하나님이 환상 중에 아브라함에게 나타나셔서 '아브람아 두려워하지 말라 나는 네 방패요 너의 지극히 큰 상급이니라'라고 말씀하시는 장면이 나옵니다.

그런데 당시 아브라함은 이 말씀을 알아들을 수준이 아니었던 것 같습니다. 아브라함의 반응을 보면 이 점을 알 수 있습니다. "하나님, 주께서는 저에게 무엇을 주시렵니까? 저에게는 자식이 아직 없습니다. 저의 재산을 상속받을 사람이라고는 다메섹 사람 엘리에셀뿐입니다. 주께서 저에게 자식을 주지 않으셨으니 이제 저의 집에 있는 이 종이 제 상속자가 될 것입니다"라는 것이 아브라함의 대답이었습니다. 이 대답에 하나님은 "엘리에셀은 네 상속자가 아니다. 네 몸에서 태어날 아들이 너의 상속자가 될 것이다"라고 분명히 말씀하시고는 밤하늘의 별을 보이십니다. "하늘을 쳐다보아라. 네가 셀 수 있거든 저 별들을 세어 보아라"라는 말씀과 함께 별처럼 많은 자손에 대한 약속을 주십니다. 그런데 하나님의 약속을 받은 아브라함은 어떻게 행동합니까? 약속의 성취를 기다리지 못하고 자기 생각대로 방법을 찾아 아들을 낳고 맙니다. 이 이야기가 16장에 나옵니다.

하갈이 아브람의 아들을 낳으매 아브람이 하갈이 낳은 그 아들을 이름하여 이스마엘이라 하였더라 하갈이 아브람에게 이스마엘을

낳았을 때에 아브람이 팔십육 세였더라 (창 16:15-16)

이처럼 16장은 아브라함의 나이를 언급하며 끝납니다. 그리고 이어지는 17장 역시 아브라함의 나이를 언급하며 시작합니다.

아브람이 구십구 세 때에 여호와께서 아브람에게 나타나서 그에게 이르시되 나는 전능한 하나님이라 너는 내 앞에서 행하여 완전하라 (창 17:1)

16장에 일어난 사건을 염두에 두고 17장 1절을 읽으면 하나님이 아브라함의 행동을 어떻게 여기셨는지 짐작해 볼 수 있습니다. 하나님은 아브라함이 당신의 약속을 믿지 않고 이스마엘을 낳은 일을 좋게 보지 않았던 것입니다.

아브라함의 생애를 추적해 갈 때 주의할 점은 이것입니다. 아브라함이 기근을 피하여 애굽에 내려간 사건과 그가 하갈에게서 이스마엘을 낳은 사건을 구별할 필요가 있다는 점입니다. 이 두 사건은 다른 관점에서 이해해야 합니다. 아브라함이 기근을 피하여 애굽에 내려간 것은 그때는 그가 그럴 수밖에 없는 믿음의 수준에 있었기 때문입니다. 그래서 하나님도 이 일로 아브라함을 꾸짖지 않으셨습니다.

그런데 15장 이후부터는 좀 다릅니다. 아브라함을 찾아와 당신의 계획과 약속을 언급하셨던 하나님은 아브라함에게 이전과는 다른 수준의 믿음을 기대하셨던 것 같습니다. 그래서 이번에는 아브라함의 잘못에 대해 그냥 넘어가지 않고 꾸짖으십니다. 어떻게 꾸짖으십니까? '나는 전능한 하나님이라'라고 하십니다.

사실 이 한 말씀만으로도 아브라함은 할 말이 없었을 것입니다. 하나님의 약속이 이루어지리라고는 전혀 기대하지 않고 있던 아브라함의 불신을 이처럼 정확히 짚어 예리하게 찌르는 말씀도 없을 것입니다. "네가 점점 노쇠해지고 네 아내 사라도 아이를 갖기 어렵게 되자 초조하였느냐. 여태껏 네 인생을 보면서 확인하지 않았느냐. 네가 네 고향과 친척과 아버지의 집을 떠난 때부터 이 자리에 이르기까지 내가 너를 어떻게 인도하며 보호했는지 아직도 깨닫지 못했다는 말이냐" 하는 책망이 '나는 전능한 하나님이라'라는 말씀에 담겨 있습니다. 그래서 이 말씀 앞에 아브라함이 꿇어 엎드린 것입니다. 자신의 죄 곧 불신앙을 잘 알기 때문입니다.

이런 이유로 하나님은 아브라함에게 오랜 시간 나타나지 않으신 것 같습니다. 이후 하나님의 말씀은 아브라함이 팔십육 세에 이스마엘을 낳은 다음 구십구 세가 되기까지 장장 십삼 년간이나 그에게 들려지지 않습니다. 고향을 떠나 낯선 곳에 홀로 떨어져 하나님 한 분밖에는 의지할 데가 없는 나그네 인생에서 하나님이 그렇게 긴 시간 나타나지 않으신 것은 아브라함에게 큰 고통이었을 것입니다.

십삼 년 만에 아브라함에게 나타나신 하나님은 "나는 너와 언약을 세워 약속한다. 너는 여러 민족의 조상이 될 것이다. 내가 너를 여러 민족의 아버지로 세웠으니 이제부터는 너의 이름이 아브람이 아니라 아브라함이 될 것이다"라고 말씀하십니다. 복을 약속하시며 이름을 바꾸어 주신 것입니다. 이제 그의 이름이 '아브람'에서 '아브라함'으로 바뀝니다. 그간의 정황을 염두에 두고 읽으면 이 대목은 좀 이상합니다. 과연 지금이 아브라함에게 복을 약속하실 상황인가 의아스럽습니다. 아브라함은 복 받을 정도로 잘한 일이 없으니 말입니다. 오히려 꾸중이 더 적절할 것 같습니다. 하지만 오랜 침묵 후에 나타나신 하나님은 먼저 아브라함을 꾸짖으신 후에 이제 복을 약속해 주고 계십니다.

이 점을 염두에 둔 채 5절을 읽어 봅시다. "이제 후로는 네 이름을 아브람이라 하지 아니하고 아브라함이라 하리니 이는 내가 너를 여러 민족의 아버지가 되게 함이니라." 이 구절에서 가장 주목해야 할 단어는 무엇일까요? 대개 우리는 '여러 민족의 아버지'와 같은 말에 주목하는 경향이 있습니다. 약속하신 복이 이 말에 잘 함축되어 있기 때문일 것입니다. 그런데 '여러 민족의 아버지'라는 말은 지금 막 주어진 약속의 내용이 아닙니다. 처음부터 하나님이 아브라함에게 약속하셨던 내용입니다. 아브라함에게 일어났던 일은 줄곧 이 약속과 관련이 있었습니다. 15장에서도 보았듯 하나님은 이 약속을 분명히 밝히신 바 있습니다. 그러니 '여러 민족의 아버지'라는 말이 새삼스러운 단어는 아닙니다.

그렇다면 5절에서 가장 주의 깊게 보아야 할 대목은 어디일까요? 여기서 중요한 것은 '내가 … 되게 함이니라'라는 문구입니다. 아브라함에게 하신 약속을 성취하실 하나님의 의지가 담긴 말씀이기 때문입니다. "내가 너로 여러 민족의 아버지가 되게 하겠다. 나는 전능한 하나님이다. 나 하나님이 너를 그렇게 만들고야 말겠다. 나의 열심이 이 일을 이루고야 말 것이다. 그러니 너는 이름을 더 이상 아브람이라 하지 말고 아브라함이라고 하여라. 내가 너로 여러 민족의 아버지가 되게 할 테니 너는 걱정 말고 네 이름을 아브라함 곧 '여러 민족의 아버지'라고 고쳐라." 약속을 이루는 주체와 그 주체가 지닌 열심과 의지가 이 문구 속에 강조되어 있습니다.

영광과 욕됨으로
그러했으며

이제 아브람은 아브라함이라는 새로운 이름으로 불리게 됩니다. 그런데 이 이름이 불릴 때마다 아브라함은 지난날의 과오와 아픔이 자꾸 떠올랐을 것입니다. 이름만큼 많이 불리는 것도 없습니다. 하루에도 몇 번이고 불립니다. 아브라함은 자기 이름이 불릴 때마다 '내가 하나님의 약속과 하나님의 하나님 되심을 믿지 못하여 이스마엘을 낳고 말았는데, 하나님은 이 일을 그냥 넘어가지 않으시고 꾸짖으셨다. 그러나 단지 꾸짖기만 하지 않으시고 나에게 새로운 이름을 지어 주셔서 하나님과 맺은 언약을 다시 한번 상기하게 해 주셨다' 하는 생각이 들었을 것입니다. 이런 점에서 보면 아브라함이라는 이름은 우리의 고정관념처럼 복이 연상되는 이름이기에 앞서 지우고 싶은 잘못을 떠올리게 하는 이름, 잊으려야 잊을 수 없는 상처를 건드리는 이름인 것입니다.

그런데 한편 이 이름은 하나님의 열심과 의지를 떠올리게 하는 이름입니다. "아브라함아, 너는 내 약속을 믿지 않았지만 나는 네게 복을 줄 것이다. 너는 결국 여러 민족의 아버지가 되고 말 것이다"라고 하신, 아브라함의 과오에도 결국 약속을 지키시고 이루시는 하나님의 변함없는 신실함이 담긴 이름인 것입니다. 인간의 잘못과 하나님의 신실함을 동시에 떠올리게 하는 기묘한 이름인 셈입니다.

아브라함은 자기 이름이 불릴 때마다 참 난감했을 것입니다. 자기 아내에게서 얻은 자식은 아직 한 명도 없는데, 이름은 '여러 민족의 아버지'라는 뜻이니 말입니다. 구십구 세에 여종에게서 낳은 아들 하나를 겨우 둔 처지인데, '많은 아들을 둔 아버지', '아들 부잣집 아버지'라고 평생 불리며 살아야 하는 것입니다. 그나마 나중에 이삭을 낳게 되지만 그것도 겨우 한 명입니다. 그런데도 이름은 여전히 '여러 민족의 아버지'입니다.

우리도 세상에서 이런 꼴을 당합니다. "구원받았다면서요? 죽으면 천국 간다면서요? 전능하신 하나님의 자녀라면서 사는 것은 왜 그렇게 궁상맞고 구질구질합니까?" 자식은 하나도 없으면서 '여러 민족의 아버지'라고 불렸던 아브라함과 영락없이 같은 처지입니다. 우리는 사도 바울이 언급한 '영광과 욕됨으로 그러했으며 악한 이름과 아름다운 이름으로 그러했느니라'(고후 6:8)라는 고백이 절실히 와닿는 현실을 살아갑니다. 이런 고백은 우리 현실을 얼마나 정확히 지적하는지 모릅니다. 하나님의 자녀라는 영광스러운 이름에 걸맞지 않은, 어찌 보면 치욕스럽기까지 한 현실을 살 때가 많은 것이 신자의 인생이기 때문입니다.

하지만 우리는 자신의 욕된 현실을 보며 한숨짓기 전에 우리가 어떤 자리에서 부름받았는지 먼저 기억해야 합니다. 본래 우리는 죽어 마땅한 자들이었습니다. 십자가를 볼 때마다 우리가 달렸어야 할 저 십자가에 예수 그리스도가 대신 달려 돌아가셨다는 사실을 잊지 않아야 합니다. 우리의 죄와 잘못이 드러나는 바로 그 자리에 대속의 은혜가 있다는 것을 십자가를 통하여 깨닫게 됩니다.

아브라함은 자신의 불신앙이 드러나는 질책의 자리에서 새로운 이름을 얻습니다. 이 질책의 자리, 자신의 가장 큰 과오와 상처가 떠오르는 자리에서 복된 이름이 주어졌다는 사실을 기억하십시오. 아브라함은 자신의 이름이 불릴 때마다 지난날의 과오와 상처가 떠올랐겠지만, 이 이름을 들으며 그가 기억해야 하는 더 중요한 것은 그를 '여러 민족의 아버지'로 만들고야 말겠다는 하나님의 열심입니다. 그래서 '아브라함'이라는 이름은 그저 복을 많이 받은 사람의 이름이기보다는 하나님의 열심과 의지가 담긴 은혜로운 이름인 것입니다.

우리를 가장 깊이 좌절하게 한 실패와 수치의 자리야말로 복이 시작되는 자리입니다. 하나님은 우리가 더 이상 물러날 곳이 없을 만큼 참혹한 자리에 처하더라도 거기서 복을 받게 하실 수 있는 분입니다. 본문 말씀에 나온 아브라함의 경우처럼 죄를 지어 하나님을 뵐 면목이 없는 자리에 오면 질책을 받겠지만, 이 질책을 받는 일이 사실 우리에게 복입니다. 그러니 꾸짖음을 듣는 것만큼 예수 믿는 자에게 복된 일은 없습니다. 하나님의 약속을 기다리지 못하고 자기 생각대로 이스마엘을 낳은 아브라함이 그토록 두려운 꾸중 속에서 받은 것은 '아브라함'이라는 새 이름이었습니다. 신앙의 여정에서 벌어지는 신비는 이처럼 헤아릴 수 없습니다.

질문하기

1. 별처럼 많은 자손에 대한 약속을 받은 아브라함은 어떻게 행동합니까?

2. 하나님이 아브라함에게 '나는 전능한 하나님이라 너는 내 앞에서 행하여 완전하라'(창 17:1)라고 말씀하신 이유는 무엇입니까?

3. 아브라함은 어떤 자리에서 새로운 이름을 얻습니까?

나누기

절망 속에서 오히려 복을 받았다고 느꼈던 경험에 대해서 서로 이야기해 봅시다.

05

나와 너희 사이의 언약의 표징이니라

9 하나님이 또 아브라함에게 이르시되 그런즉 너는 내 언약을 지키고 네 후손도 대대로 지키라 10 너희 중 남자는 다 할례를 받으라 이것이 나와 너희와 너희 후손 사이에 지킬 내 언약이니라 11 너희는 포피를 베어라 이것이 나와 너희 사이의 언약의 표징이니라 12 너희의 대대로 모든 남자는 집에서 난 자나 또는 너희 자손이 아니라 이방 사람에게서 돈으로 산 자를 막론하고 난 지 팔 일 만에 할례를 받을 것이라 13 너희 집에서 난 자든지 너희 돈으로 산 자든지 할례를 받아야 하리니 이에 내 언약이 너희 살에 있어 영원한 언약이 되려니와 14 할례를 받지 아니한 남자 곧 그 포피를 베지 아니한 자는 백성 중에서 끊어지리니 그가 내

언약을 배반하였음이니라 (창 17:9-14)

창세기 15장에서 하나님이 "네 자손을 하늘의 별과 같이 많아지게 하겠다"라고 하시자 아브라함이 그 약속을 믿습니다. 지금껏 살아온 인생을 돌아보니 자신에게서는 결코 나올 수 없는 일, 자기로 말미암아서는 결코 일어날 수 없는 일이 일어났다는 사실을 깨닫게 된 것입니다. 지금 하신 약속도 하나님이 이루어 주셔야 성취될 수 있으며 그분만이 하실 수 있다는 것을 아브라함은 알고 있습니다. 아브라함이 하나님에게 묻습니다. "하나님, 이런 일이 일어나리라는 것을 제가 어떻게 알 수 있습니까? 하나님이 제게 하신 약속을 이루어 주실 것을 제가 무엇으로 알 수 있겠습니까?" 이 질문에 하나님은 어떤 징조를 보여서 아브라함에게 확신을 주는 대신, '내가 반드시 이루리라'라는 당신의 의지를 직접 보여 주십니다.

홀로 언약을
성취하시는 분

아브라함에게 하신 약속을 반드시 이루시겠다는 하나님의 의지는 그분의 명령에서 더욱 분명하게 드러납니다. 언약을 주신 하나님이 이제 아브라함에게 할례를 명하십니다.

하나님이 또 아브라함에게 이르시되 그런즉 너는 내 언약을 지키고 네 후손도 대대로 지키라 너희 중 남자는 다 할례를 받으라 이것이 나와 너희와 너희 후손 사이에 지킬 내 언약이니라 (창 17:9-10)

하나님이 왜 이 명령을 하셨는지 이해하기 위해서는 앞에 나온 내용을 살펴볼 필요가 있습니다. 창세기 15장으로 다시 가 봅시다. 하나님은 아브라함에게 너의 몸에서 태어날 아들이 상속자가 될 것이라고 말씀하십니다. 또한 별같이 많은 자손을 얻을 것이며 가나안 땅을 소유로 삼게 될 것이라고 약속하십니다. 하나님의 약속을 들은 아브라함은 자기가 그 땅을 차지하게 될 것을 어떻게 알 수 있는지 묻습니다.

그런데 하나님은 이 질문에 답하는 대신 아브라함에게 명령하십니다. "너는 나를 위해 암소와 암염소와 숫양과 산비둘기와 집비둘기 새끼를 제물로 마련하여 오너라." 아브라함은 하나님이 명하신 대로 제물을 마련한 다음 암소와 암염소와 숫양을 쪼개어 마주 보게 차려 놓습니다. 이윽고 해가 져서 캄캄해졌는데, 갑자기 연기 나는 화로와 타는 횃불이 나타나서 쪼개 놓은 희생 제물 사이로 지나갑니다. 이 장면이 17절에 묘사되어 있습니다. "해가 져서 어두울 때에 연기 나는 화로가 보이며 타는 횃불이 쪼갠 고기 사이로 지나더라." 이어지는 18절은 이날 하나님이 아브라함과 언약을 세우셨다고 기록하고 있습니다. "그 날에 여호와께서 아브람과 더불어 언약을 세워 이르시되 내가 이 땅을 애굽 강에서부터 그 큰 강 유브라데까지 네 자손에게 주노니." 하나님과 아브라함 사이에 맺은 언약을 이해하기 위해서는 언약 의식이 체결되는 모습을 잘 살펴보아야 합니다.

우리가 중요한 계약을 체결할 때에 인감도장을 찍어 분명히 하는 것처럼, 아브라함이 살던 고대 근동에서도 계약을 체결할 때면 치르던 의식이 있었습니다. 제물을 가져다가 반을 쪼개어 마주 보게 해 놓은 다음 계약 당사자들이 그 사이를 지나갑니다. 제물의 사이를 지나갈 수 있다는 것은 쪼개진 제물이 한 오라기도 붙어 있지 않다는 뜻입니다. 어딘가 조금이라도 붙어 있다면 그 사이를 통과할 수 없을 것입니다. 이렇게 완전히 쪼개진 제물 사이를 계약을 체결한 두 당사자가 지나갑니다. 계약을 어기면 누구든 이 쪼개진 제물같이 몸이 완전히 쪼개지는 저주를 받겠다는 데에 동의하며 서로 다짐하는 의식입니다. 약속을 지키고 말겠다는 의지가 이 의식에 담겨 있는 것입니다.

하나님은 아브라함과 언약을 맺으시면서 언약의 중요성과 성취의 확실성을 분명히 하기 위해 이 의식을 거행하십니다. 그런데 아브라함과 하나님이 맺은 언약 의식에는 여느 의식과는 좀 다른 점이 있습니다. 아브라함이 마련해 온 제물을 쪼개어 두자 하나님은 쪼갠 제물 사이를 아브라함더러 함께 지나가자고 하지 않고 홀로 지나가십니다. 언약 관계 당사자인 하나님과 아브라함, 둘 다 지나가야 할 텐데 하나님만 홀로 지나가신 것입니다. 하나님이 이렇게 하신 이유는 무엇일까요?

앞서 언급했듯이 구원을 얻을 조건은 우리에게 있지 않습니다. 구원은 순전히 하나님의 은혜로 말미암은 결과입니다. 아브라함과 하나님이 맺은 언약도 이런 관점에서 바라보아야 합니다. 언약 당사자는 하나님과 아브라함이지만, 하나님 홀로 제물 사이를 지나가심으로써 이 약속은 하나님이 홀로 이루실 것이라는 사실을 암시해 줍니다. 아브라함에게 복을 주어 그의 자손을 하늘의 별과 같이 많아지게 하는 일은 오직 하나님에게 달린 일입니다. 하나님 홀로 시작하셔서 완성하실 것입니다. 이 일을 해내고야 말겠다는 하나님의 의지가 이 의식에서 드러납니다. 하나님은 제물 사이를 홀로 지나가심으로써 내가 반드시 이 약속을 이룰 것이라고 아브라함에게 말씀하시는 셈입니다. 곁에서 이 의식을 지켜보는 아브라함은 '하나님이 정말 이 일을 이루시고야 말겠구나' 하고 알아보기만 하면 됩니다.

내 언약이 너희 살에 있어 영원한 언약이 되려니와

그런데 아브라함은 언약의 당사자로서 이 의식을 지켜보았으면서도 이것이 상징하는 바를 제대로 이해하지 못했는지 아니면 이해하였으나 믿지 못했는지 하나님의 약속을 기다리지 못하고 하갈에게서 이스마엘을 얻고 맙니다. 그러자 하나님이 오랜 시간 침묵하신 후 그에게 나타나 꾸짖으십니다. 이 꾸짖음은 '네가 잘못해서 이 언약이 깨어졌다'라는 단순한 질책이 아닙니다. "아브라함아, 비록 네가 잘못을 저질렀어도 나는 이 약속을 지키고야 말 것이다. 나는 하나님이다. 나 홀로 이 언약을 성취할 것이다. 이제 너도 이 정도는 알 만큼 되지 않았느냐. 내가 이루겠다고 하는데 왜 너는 믿지 않느냐"라는 하나님의 의지와 열심이 들어 있는 꾸짖음입니다. 이것이 17장 1절의 '나는 전능한 하나님이라'라는 말씀에 담겨 있습니다.

하나님은 아브라함이 믿지 않았다고 하여 그의 불신앙을 빌미로 언약을 깨뜨리지는 않으십니다. 하지만 이 약속이 반드시 성취될 것이라고 아브라함에게 분명히 가르치십니다. "내가 하고야 말겠다. 나의 열심으로 이 일을 이룰 것이다. 너는 이것을 제대로 깨달아야 할 내 자녀. 너는 믿음의 반열에 서야 할 자이다. 그런데 너는 나를 믿지 않고 네 마음대로 자손을 얻고야 말았다. 이제 너는 나와 맺은 언약이 무엇인지 확실히 알아야 한다. 내가 명하노니 너와 네 집안 식구는 모두 다 할례를 받으라"라고 말씀하신 것입니다. 17장 10절 이하를 봅시다.

너희 중 남자는 다 할례를 받으라 이것이 나와 너희와 너희 후손 사이에 지킬 내 언약이니라 너희는 포피를 베어라 이것이 나와 너희 사이의 언약의 표징이니라 너희의 대대로 모든 남자는 집에서 난 자나 또는 너희 자손이 아니라 이방 사람에게서 돈으로 산 자를 막론하고 난 지 팔 일 만에 할례를 받을 것이라 너희 집에서 난 자든지 너희 돈으로 산 자든지 할례를 받아야 하리니 이에 내 언약이 너희 살에 있어 영원한 언약이 되려니와 할례를 받지 아니한 남자 곧 그 포피를 베지 아니한 자는 백성 중에서 끊어지리니 그가 내 언약을 배반하였음이니라 (창 17:10-14)

하나님이 할례를 명하신 의미를 알기 위해서는 성경이 할례를 어떻게 풀어내고 있는지 살펴보아야 합니다. 먼저 레위기 19장 23절부터 봅시다.

너희가 그 땅에 들어가 각종 과목을 심거든 그 열매는 아직 할례 받지 못한 것으로 여기되 곧 삼 년 동안 너희는 그것을 할례 받지 못한 것으로 여겨 먹지 말 것이요 넷째 해에는 그 모든 과실이 거룩하니 여호와께 드려 찬송할 것이며 다섯째 해에는 그 열매를 먹을지니 그리하면 너희에게 그 소산이 풍성하리라 나는 너희의 하나님 여호와이니라 (레 19:23-25)

할례에 관한 언급이 여기 나옵니다. 이 말씀에 나온 삼 년, 넷째 해, 다섯째 해가 의미하는 바에 대해서는 잘 모르더라도 할례가 '거룩함'과 관련 있다는 점은 알 수 있을 것입니다. '할례 받지 못한 것'을 '거룩하지 않다'는 의미로 사용하고 있기 때문입니다. 이로써 창세기 17장에 나온 '할례를 받으라'는 하나님의 명령에는 '거룩하라'는 뜻이 담겨 있다는 것을 알 수 있습니다. 하나님은

"할례를 받으라. 이는 너희가 거룩해지기 위함이다"라고 말씀하시는 것입니다.

할례는 생식기의 일부를 잘라 내는 의식입니다. 그런데 이 의식은 사실 생식기의 일부가 아니라 생식기 자체를 잘라 내는 행위를 상징하므로, 할례를 받은 자는 '종족을 보존할 수 있는 육체적 능력을 갖지 못한 자'를 의미합니다. 그래서 할례는 언약 백성이 육체적 방식으로 이어지는 종족이 아니라 다른 방식으로 생겨난 특별한 종족이라는 의미를 내포하게 됩니다.

하나님은 아브라함에게 창세기 15장 4절에서 말씀하셨던 '네 몸에서 날 자'가 어떤 존재인지를 할례를 통해 가르치셔서 아브라함이 인간적 불가능과 회의를 극복하고 '하나님의 하나님 되심'을 깊이 확인할 수 있게 하십니다. 로마서 4장 18절의 '아브라함이 바랄 수 없는 중에 바라고 믿었으니'라는 말씀은 아브라함이 이런 이해에 이르렀음을 보여 줍니다. 아브라함은 할례의 경험을 거쳐 이제 독자 이삭까지 바칠 수 있는 자리로 나아가게 될 것입니다.

번복하지 않는 부르심

우리는 신앙의 근거와 신앙을 유지하는 힘을 자기 자신에게서 발견하고 싶어 하는 유혹을 종종 받습니다. 자신에게서 원인을 찾아 자기만족을 얻고 싶은 것입니다. 그러다가 자신에게 실망하고 좌절하는 일이 생기면 신앙도 같이 흔들립니다. 내가 좌절하면 십자가도 나약해 보이고, 내가 실패하면 하나님도 실패하신 것 같은 감정이 우리를 부여잡습니다.

하지만 기억하십시오. 구원은 우리가 요청하지 않았을 때에 하나님이 이미 시작하셔서 완성하신 일입니다. 하나님 편에서 이미 완성하신 구원이지만, 여전히 세상에 있는 우리는 매일 하나님을 영화롭게 하기보다 실수하고 실패하는 때가 더 많습니다. 그러나 하나님이 이미 이루셨고 마침내 이루실 이 일이 우리의 실수와 실패 때문에 방해받지는 않습니다.

하나님은 쪼개 놓은 제물 사이를 아브라함더러 함께 지나가자고 하지 않았습니다. 그 사이를 하나님 홀로 통과하셨습니다. 이 것이 무엇을 보여 줍니까? "어디 한번 내 앞에서 '나는 안 돼. 나는 할 수 없을 거야'라고 버텨 보아라. 누가 이기나 보자"라는 하나님의 집념이 여기 담겨 있습니다. "나 같은 건 천국 못 가요"라고 전봇대를 붙잡은 채 전깃줄로 몸을 묶어 두면 하나님은 전봇대를 뿌리째 뽑아 우리를 데려가십니다. 전봇대에서 우리만 겨우 뜯어내는 정도가 아니라 거대한 굴착기로 전봇대가 박힌 땅을 통째로 퍼서 데려가십니다. 그런데도 우리는 전봇대에 매달린 채 "하나님, 제가 여기 딱 달라붙어 있으니 뜯어 가기 어렵죠?"라고 빈정대기 일쑤입니다. 전봇대만 쳐다보느라 땅 전체가 들려 날아가는 것도 모르면서 말입니다.

하나님이 아브라함에게 나타나 하신 '나는 전능한 하나님이라' 라는 말씀에는 이런 하나님의 열심이 담겨 있습니다. 하나님은 "나는 전능한 하나님이다. 너 어디 한번 버텨 보거라. 안 하겠다고 어디 한번 반항해 보거라" 하시며 당신의 열심과 의지로 아브라함을 강권하고 계십니다. 하나님은 이런 열심과 의지를 오늘 우리에게도 드러내십니다. 두렵고도 감격스러운 구원입니다. 누가 하나님의 일하심을 가로막겠습니까? 하나님이 저 죄악으로 물든, 영원히 형벌받아 마땅한 자리에 있는 우리를 구정물 속을 휘저어 끄집어내셨습니다. 그렇게 건져 내신 우리를 지금도 여전히 씻기고 계십니다. 지금에 와서 버릴 작정이었다면 처음부터 구정물에 손을 담그시지 않았을 것입니다.

질문하기

1. 아브라함과 하나님의 언약 의식이 여느 의식과 다른 점은 무엇입니까?

2. 할례가 언약 백성에게 가지는 의미는 무엇입니까?

3. 구원은 언제 시작되어 완성된 일입니까?

나누기

하나님이 나와 가족 안에서 홀로 행하신 일을 나누어 봅시다.

네
씨로
말미암아

만민이 복을 받으리니

15 여호와의 사자가 하늘에서부터 두 번째 아브
라함을 불러 16 이르시되 여호와께서 이르시기를 내가 나를 가리
켜 맹세하노니 네가 이같이 행하여 네 아들 네 독자도 아끼지 아니
하였은즉 17 내가 네게 큰 복을 주고 네 씨가 크게 번성하여 하늘의
별과 같고 바닷가의 모래와 같게 하리니 네 씨가 그 대적의 성문을
차지하리라 18 또 네 씨로 말미암아 천하 만민이 복을 받으리니 이
는 네가 나의 말을 준행하였음이니라 하셨다 하니라 (창 22:15-18)

창세기 22장에 오면 아브라함이 이삭을 바친 사건을 만나게 됩니
다. 이 사건을 접하면 이런 생각이 먼저 들 것입니다. 하나님으로

부터 독자 이삭을 바치라는 명령을 받았을 때 아브라함은 어떻게 자기 아들을 바칠 수 있었을까, 대체 이 사람이 아버지 맞는가, 아니 그도 사람인가 하는 생각입니다. 이런 의문이 생기는 것은 당연합니다. 그런데도 우리는 의아해하기보다 '아브라함은 정말 남다른 믿음을 가졌구나' 하고 감탄하기만 합니다.

쉽게 감탄하기에 앞서 이 사건에서 떠올려야 할 중요한 질문이 있습니다. 도대체 하나님은 어떤 분이기에 이런 이상한 요구를 하시는가, 다른 요구도 아니고 어떻게 백 세에 얻은 자식을 바치라고 하시는가 하는 질문입니다. 하나님이 너무 기막힌 요구를 하시고 지나친 시험을 내셨다는 생각이 듭니다. 하지만 아무 이유 없이 이런 큰 사건이 등장하지는 않습니다. 아주 중요한 의미가 있기에 하나님이 이런 요구를 하신 것입니다.

네 씨로
말미암아

우선 살펴볼 것은 이 사건이 있고 나서 하나님이 아브라함에게 어떤 복을 내리셨는가 하는 점입니다. 이 복은 창세기 12장에 나온 복과 다릅니다. 이 점을 염두에 둔 채 먼저 12장 1절부터 봅시다.

여호와께서 아브람에게 이르시되 너는 너의 고향과 친척과 아버지의 집을 떠나 내가 네게 보여 줄 땅으로 가라 내가 너로 큰 민족을 이루고 네게 복을 주어 네 이름을 창대하게 하리니 너는 복이 될지라 너를 축복하는 자에게는 내가 복을 내리고 너를 저주하는 자에게는 내가 저주하리니 땅의 모든 족속이 너로 말미암아 복을 얻을 것이라 하신지라 (창 12:1-3)

이어서 22장 15절 이하를 읽어 봅시다.

여호와의 사자가 하늘에서부터 두 번째 아브라함을 불러 이르시되 여호와께서 이르시기를 내가 나를 가리켜 맹세하노니 네가 이같이 행하여 네 아들 네 독자도 아끼지 아니하였은즉 내가 네게 큰 복을 주고 네 씨가 크게 번성하여 하늘의 별과 같고 바닷가의 모래와 같게 하리니 네 씨가 그 대적의 성문을 차지하리라 또 네 씨로 말미암아 천하 만민이 복을 받으리니 이는 네가 나의 말을 준행하였음이니라 하셨다 하니라 (창 22:15-18)

두 말씀이 모두 복을 언급하지만 차이점이 있습니다. 12장에는 '씨'에 대한 언급이 없는 반면, 22장에는 '씨'에 대한 언급이 있습니다. '씨'는 자손을 뜻하는데, 이에 대한 언급이 중대한 차이를 빚어냅니다. 왜냐하면 이삭을 바친 사건은 이 '씨'로 말미암은 복과 관련이 있기 때문입니다.

창세기 22장의 핵심 내용은 18절에 들어 있습니다. '또 네 씨로 말미암아 천하 만민이 복을 받으리니 이는 네가 나의 말을 준행하였음이니라.' 여기서 눈여겨보아야 할 대목은 '네 씨로 말미암아'입니다. '네 씨'는 예수 그리스도를 가리키는데, 곧 예수 그리스도로 말미암아 천하 만민이 복을 받아 모든 민족에게서 신자들이 생겨날 것을 암시해 주고 있습니다. 그래서 이 구절이 중요합니다.

한편, 12장에는 '씨'에 대한 언급이 없습니다. 아브라함이 가나안을 향해 출발할 때에 들은 약속은 아브라함 자신으로 말미암은 복에 대한 내용뿐이었습니다. '땅의 모든 족속이 너로 말미암아 복을 얻을 것이라'(창 12:3)라는 약속을 들은 아브라함은 자기로 말미암아 땅의 모든 족속에게 복이 주어질 것이라고만 알고 있었습니다. 그런데 22장에 이르자 '내가 네게 약속한 복은 네 씨로 말미암아 이루어진다' 하는 데까지 밝혀집니다.

'네 씨로 말미암아'라는 문구의 중요성은 갈라디아서에 오면 확인됩니다. 갈라디아서 3장 16절을 봅시다. "이 약속들은 아브라함과 그 자손에게 말씀하신 것인데 여럿을 가리켜 그 자손들이라 하지 아니하시고 오직 한 사람을 가리켜 네 자손이라 하셨으니 곧 그리스도라." 하나님이 아브라함에게 주신 약속의 분명한 의미가 이 구절로 말미암아 비로소 드러납니다.

하나님이 아브라함에게 줄곧 약속해 오신 내용을 살펴보면 이렇습니다. "내가 이 땅을 너와 네 자손에게 주리라. 네 자손은 하늘의 별과 같고 바다의 모래 같으리라." 아브라함은 많은 수의 자손을 얻게 될 것이며 그 후손들은 가나안 땅에서 살게 될 것이라는 약속입니다. 약속이 의미하는 바를 좀 더 정확히 드러내려면 '자손'보다는 '자손들'이라고 표현했어야 좋을 것입니다. 그런데 갈라디아서에서는 하나님이 아브라함에게 복을 약속하실 때에 '자손들'이 아니라 '자손'이라고만 언급하셨음을 강조하며, '네 자손'이라고 일컬어진 그 '한 사람'은 예수 그리스도임을 밝히고 있습니다. 그렇다면 하나님이 아브라함에게 내내 약속해 오신 복의 핵심은, 단지 자손들이 별처럼 모래처럼 많아지는 큰 복을 누린다는 사실에 있지 않다는 점이 명확해집니다. 갈라디아서 3장 16절에 비추어 생각해 보면, 하나님이 아브라함에게 약속하신 복의 결국은 '네 씨 곧 아브라함의 후손으로 오는 예수 그리스도로 말미암아 모든 민족이 아브라함의 후손, 곧 하나님의 자녀가 된다'라는 것입니다. 하나님은 이 약속에 담긴 의미를 아브라함으로 하여금 몸소 깨닫게 하려고 그에게 이삭을 바치라고 요구하신 것입니다.

없는 자,
이삭

이삭을 바치라는 명령에 담긴 의미는 무엇일까요? 이 명령은 17장에 나온 할례를 행하라는 말씀과 관련 있습니다. 할례의 의미를 다시 생각해 봅시다. 창세기 17장 9절입니다.

하나님이 또 아브라함에게 이르시되 그런즉 너는 내 언약을 지키고 네 후손도 대대로 지키라 너희 중 남자는 다 할례를 받으라 이것이 나와 너희와 너희 후손 사이에 지킬 내 언약이니라 너희는 포피를 베어라 이것이 나와 너희 사이의 언약의 표징이니라 너희의 대대로 모든 남자는 집에서 난 자나 또는 너희 자손이 아니라 이방 사람에게서 돈으로 산 자를 막론하고 난 지 팔 일 만에 할례를 받을 것이라 너희 집에서 난 자든지 너희 돈으로 산 자든지 할례를 받아야 하리니 이에 내 언약이 너희 살에 있어 영원한 언약이 되려니와 할례를 받지 아니한 남자 곧 그 포피를 베지 아니한 자는 백성 중에서 끊어지리니 그가 내 언약을 배반하였음이니라
(창 17:9-14)

앞 장에서 우리는 할례가 죽음을 선포하는 저주인 동시에 구원의 표라는 점에 대해 살펴보았습니다. 이번 장에서는 할례가 상징하는 바를 할례 행위의 본질에 접근하여 살펴보기로 합니다. 이를 통해 '이삭을 바친 사건'의 의미를 더 잘 이해할 수 있을 것입니다. 할례는 인간의 살을 잘라 내는 의식인데, 할례를 어느 부위에 행하는지 생각해 보면 이 상징이 의미하는 바가 참으로 무섭다는 것을 알게 됩니다.

할례는 현대식으로 말하면 일종의 포경 수술입니다. 포피를 잘

라 내는 것은 더 이상 생산할 수 없게 생식 능력을 끊어 버리는 것을 상징합니다. 이는 얼마나 분명한 상징인지 모릅니다. 여기서 우리는 하나님이 아브라함에게 할례를 명하신 이유를 짐작해 볼 수 있게 됩니다. '네 계보는 육신으로 말미암아 태어난 자들로 이어지지 않는다'라는 메시지를 할례를 통해 확인시켜 주시는 것입니다. 하나님과 그 백성의 관계는 육신으로 말미암은 관계가 아님을 가장 분명하게 상징해 주는 것이 바로 할례입니다.

예수님이 니고데모에게 말씀하셨듯, 물과 성령으로 거듭난 자만이 하나님의 자녀입니다. 하나님과 그 자녀는 육신으로 맺어진 관계가 아니라는 것이 할례가 상징하는 바입니다. 할례를 받은 아브라함은 '더 이상 자녀를 낳을 수 없는 자'를 상징합니다. 그런 그가 이삭을 낳았습니다. 그러면 이삭은 있는 것일까요, 없는 것일까요? 이삭은 없는 자입니다. 이삭은 육신의 차원에서 아브라함의 자손이 아닌 것입니다. 여기서 우리는 하나님이 아브라함에게 "너는 네 독자를 나에게 바쳐라"라고 하신 명령을 이해할 수 있습니다.

이 명령에 담긴 일차적 의미는 이삭은 네가 만든 자식이 아니다, 이삭은 네가 낳지 않았다, 그러니 이삭은 없는 자다, 라는 것입니다. 이를 아브라함에게 깨닫게 하려고 일찍이 할례를 명하신 것입니다. 이처럼 할례가 지닌 상징이 이삭을 바친 사건에서 분명히 드러납니다.

이삭은 아브라함이 낳지 않았습니다. 이삭은 하나님이 주신 자입니다. 하나님이 주신 자를 하나님이 달라고 하시는데, 드리지 못할 이유가 있겠습니까. 아브라함이 자기 힘으로 이삭을 얻었다면 하나님이 이삭을 요구하셨을 때 불평과 원망이 있었을 것입니다. 하지만 이삭은 아브라함이 낳지 않았음을 할례가 분명히 말해 주고 있습니다. 이삭을 낳은 것은 아브라함이 아닙니다. 그리고 이삭도 할례를 받습니다. 이삭도 후손을 낳을 수 없는 자가 된 것입니다. 이삭은 원래 없는 자여서 자기 힘으로 자식을 낳을 수 없는 존재입니다. 이처럼 이삭은 부모가 낳지 않은 존재, 인간의 힘으로는 얻을 수 없는 존재, 원래 없는 존재를 상징합니다.

우리는 다 죽은 자, 죄인입니다. 그런데 우리가 살아 있습니다. 성경이 말씀하는 대로 거듭났기 때문입니다. 우리는 육적 존재, 곧 육신의 후손이 아닙니다. 할례 사건을 통하여 아브라함도 이삭도 육신의 차원으로는 이해될 수 없는 존재라는 것을 알게 됩니다. 이삭이 아브라함의 후손인 것은 육적 차원이 아닌 영적 차원의 후손이라는 말입니다. 그는 하나님 안에서 태어난 자입니다.

할례를 통하여 드러난 사실은 무엇입니까? 육신의 차원에서는 아브라함도 이삭도 더 존재할 가치가 없는 자, 존재 자체가 아예 없는 자라는 사실입니다. 이런 차원에서 보면 하나님이 아브라함에게 이삭을 바치라고 한 의미를 비로소 이해할 수 있습니다. 이삭을 바치라고 하신 명령에는 아들 이삭이든 아브라함 자신이든 하나님이 아니고서는 있을 수 없는 존재라는 사실이 전제되어 있는 것입니다. 두 사람 다 살아 있을 수 없는 자들이었습니다.

아브라함은 죽은 자입니다. 따라서 아브라함의 육체는 자식을 낳을 수 없습니다. 그러니 이삭은 없는 자입니다. 아브라함은 할례를 통하여 이 사실을 깨달았기에 아들 이삭을 바치러 갈 수 있었던 것입니다. 내 아들 이삭은 원래 없는 자다, 그는 죽음이 더 어울리는 존재다, 하는 점을 아브라함이 인정한 것입니다. 이는 비단 이삭에게만이 아니라 아브라함 자신에게도 해당하는 사실이었습니다. 이삭을 바치라는 하나님의 명령에 아브라함이 순종한 것은 이런 의미를 지닙니다. 이삭과 아브라함 자신은 없는 존재라는 사실에 대한 아브라함의 동의이자 항복인 것입니다.

질문하기

1. 아브라함이 이삭을 바친 사건에서 떠올려야 할 중요한 질문은 무엇입니까?

2. 갈라디아서 3장 16절에서는 아브라함에게 약속된 '씨'가 누구임을 밝히고 있습니까?

3. 이삭을 바치라는 하나님의 명령에 아브라함이 순종한 것은 어떤 의미를 지닙니까?

나누기

할례를 명하신 하나님이 오늘 우리에게 무엇을 이야기하고 싶으실지 나누어 봅시다.

형의 장자의 명분을 내게 팔라

27 그 아이들이 장성하매 에서는 익숙한 사냥꾼이었으므로 들사람이 되고 야곱은 조용한 사람이었으므로 장막에 거주하니 28 이삭은 에서가 사냥한 고기를 좋아하므로 그를 사랑하고 리브가는 야곱을 사랑하였더라 29 야곱이 죽을 쑤었더니 에서가 들에서 돌아와서 심히 피곤하여 30 야곱에게 이르되 내가 피곤하니 그 붉은 것을 내가 먹게 하라 한지라 그러므로 에서의 별명은 에돔이더라 31 야곱이 이르되 형의 장자의 명분을 오늘 내게 팔라 32 에서가 이르되 내가 죽게 되었으니 이 장자의 명분이 내게 무엇이 유익하리요 33 야곱이 이르되 오늘 내게 맹세하라 에서가 맹세하고 장자의 명분을 야곱에게 판지라 34 야곱이 떡과 팥

죽을 에서에게 주매 에서가 먹으며 마시고 일어나 갔으니 에서가
장자의 명분을 가볍게 여김이었더라 (창 25 : 27-34)

이번 장에서는 야곱의 생애를 살펴보려고 합니다. 지금까지 총 여
섯 장에 걸쳐 아브라함에 대해 살펴보았습니다. 아브라함이 남달
라서가 아니라, 그의 생애를 보면 믿음과 구원에 대해 잘 이해할
수 있기에 비교적 상세히 다뤘습니다. 야곱의 경우도 마찬가지입
니다. 성경이 야곱의 생애를 주목하는 것은 그가 특별한 사람이어
서가 아니라 하나님이 말씀하고자 하는 중요한 메시지가 야곱을
통해 잘 드러나기 때문입니다.

택하심을 따라 되는
하나님의 뜻

우리가 야곱의 생애를 살펴볼 때 납득이 안 되
는 부분은 그가 형을 속여 장자의 명분을 빼앗았다는 점일 것입
니다. 음식을 미끼로 장자의 명분을 빼앗다니 비겁하고 야비하다
는 생각이 듭니다. 하지만 야곱은 본래 그런 사람일 수밖에 없다
고 그 이름이 가르쳐 주고 있습니다. '야곱'이라는 이름은 '발꿈
치를 잡다'(창 25 : 26)라는 뜻으로, 의역하면 '약탈자'라는 뜻을 담
고 있습니다. 강도, 도둑인 것입니다. 그러면 속여 빼앗는 사람인
야곱은 그 많은 것 가운데 왜 굳이 자기 형 에서가 가진 장자의 명

분을 뺏으려고 했을까요?

우리는 약탈자인 야곱을 비난하다가 이렇게 약삭빠른 야곱을 도대체 하나님은 왜 택하셨을까 의아하게 여기게 됩니다. 이번 장에서는 바로 이 문제를 살펴보려고 하는데, 그동안 우리가 참 얼마나 엉성하게 믿고 살았는지 깨닫게 될 것입니다.

야곱과 에서의 이야기에서 가장 이해가 안 가는 대목은 왜 하나님이 장자인 에서가 아니라 야곱을 택하셨을까 하는 점입니다. 이런 의문은 '택하심'이라는 말을 우리의 기준으로 이해하는 데서 비롯합니다. '하나님이 택하셨다'라는 말은 '인간이 가진 조건은 하나님에게 선택의 기준이나 고려의 대상이 될 수 없다'라는 뜻입니다. 하나님이 정해 놓으신 커트라인을 우리가 통과해서가 아니라, 하나님이 우리를 강권하셔서 우리가 구원받았다는 뜻이 '택하심'이라는 말 속에 들어 있습니다. 이를 교리에서는 '예정' 또는 '선택'이라는 말로 표현합니다. 하나님이 택하실 때 선택받는 사람의 능력이나 조건은 고려 대상이 아닌 것입니다. 그런데도 우리는 자꾸 오해합니다. '에이, 아무리 그래도 그렇지. 택할 만하니까 선택받았겠지' 하는 편견이 있는 것입니다.

'도대체 하나님은 왜 저런 사람을 택했을까' 하며 의아해하는 것은 '선택'이 무엇인지 몰라서 그렇습니다. 선택받는 것을 시험에 합격하는 일과 같은 것이라고 착각하기 때문입니다. 하지만 성경은 우리가 자격 하나 갖춘 것 없이 하나님의 자녀가 되었다는 이야기를 하기 위해 '택하심'이라는 단어를 쓰고 있습니다. 로

마서 9장입니다.

또한 아브라함의 씨가 다 그의 자녀가 아니라 오직 이삭으로부터
난 자라야 네 씨라 불리리라 하셨으니 곧 육신의 자녀가 하나님
의 자녀가 아니요 오직 약속의 자녀가 씨로 여기심을 받느니라 약
속의 말씀은 이것이니 명년 이 때에 내가 이르리니 사라에게 아들
이 있으리라 하심이라 그뿐 아니라 또한 리브가가 우리 조상 이삭
한 사람으로 말미암아 임신하였는데 그 자식들이 아직 나지도 아
니하고 무슨 선이나 악을 행하지 아니한 때에 택하심을 따라 되는
하나님의 뜻이 행위로 말미암지 않고 오직 부르시는 이로 말미암
아 서게 하려 하사 리브가에게 이르시되 큰 자가 어린 자를 섬기
리라 하셨나니 기록된 바 내가 야곱은 사랑하고 에서는 미워하였
다 하심과 같으니라 (롬 9:7-13)

성경이 얼마나 분명하게 말씀하고 있습니까. '택하심'은 인간의
행위나 그가 지닌 자격과 무관합니다. 야곱이 어떤 행위를 하기도
전에, 아니 야곱이 태어나기도 전에 하나님이 야곱을 택하신 것입
니다. 그런데 우리는 자꾸 "왜 하나님은 야곱을 선택했을까"라고
묻습니다. 야곱이 저지른 얄미운 행동이 떠오르기 때문입니다.

성경이 야곱을 들어 말하고자 하는 핵심은 하나님이 야곱을 택
하셨기 때문에 그의 인생을 놓아두지 않고 개입해 길렀다는 것
입니다. 성경은 야곱이 에서보다 나은 자라서 하나님이 택했는가

하는 질문에는 관심이 없습니다. 택함받은 자 야곱이 자기 인생을 홀로 책임지도록 하나님은 방관하지 않으십니다. 오히려 야곱을 통해 이루고자 하시는 하나님의 목적이 있기에 그 목적을 향한 하나님의 일하심이 그의 생애 전반에 걸쳐 펼쳐집니다. 이것이 '택하심'입니다. 그러니 야곱의 인생은 욕심을 따라 마음대로 살려는 그 자신에게 달려 있지 않고 그의 생애를 목적하시고 그 인생에 개입하시는 하나님의 선한 계획에 달려 있습니다. 하나님은 당신의 목적에 따라 야곱을 인도하고자 하시지만 야곱은 계속 거부하여 불순종합니다. 하나님의 인도하심과 야곱의 불순종 사이에 일어나는 갈등이 야곱의 신앙 여정 내내 계속됩니다. 이것이 야곱의 인생입니다. 그러나 에서에게는 하나님의 개입하심이 없습니다. 그는 택함받지 않았기 때문입니다.

우리는 택함받은 야곱이 하나님의 인도를 받아 걸어가는 신앙 여정은 보지 못한 채, '야곱은 흠이 많은 사람인데, 왜 하나님은 그를 택하셨는가'라는 의문에만 매달립니다. '택하심'이라는 말의 의미를 오해해서 그렇습니다. 야곱이 리브가의 배 속에 있을 때, 아니 그 이전에 하나님이 이미 그를 택하셨기 때문에, 야곱은 하나님 앞에 돌아올 수밖에 없도록 운명이 결정된 자인 것입니다. 하지만 그렇다고 야곱이 로봇처럼 하나님에 의해 조종되는 존재라는 말은 아닙니다. 그는 자유 의지를 지닌 한 인간으로 하나님 앞에 서 있습니다.

야곱이 얻으려 했던
장자의 명분

이처럼 하나님이 택하신 야곱의 인생에서는 어떤 일이 벌어질까요? 맨 처음 일어난 일은 야곱이 형 에서가 가진 장자의 명분을 빼앗은 사건입니다. 야곱은 왜 장자의 명분을 빼앗으려고 했을까요? 유산을 많이 물려받기 위해서였을까요?

야곱이 장자의 명분을 빼앗으려고 한 이유를 이렇게 짐작해 볼 수 있습니다. 본문 말씀을 보면 야곱은 장자의 권리가 중요하다는 것을 잘 알고 있습니다. 야곱이 그렇게 생각하게 된 것은 어머니인 리브가가 그 형제를 잉태하였을 때에 하나님이 계시하신 내용을 그에게 들려주었기 때문이 아닐까 추정해 봅니다. 이것이 형에게 장자의 권리를 넘겨 달라는 배짱을 부릴 수 있는 근거가 되었을 것이라고 생각합니다. 당시 장자의 자리를 넘본다는 것은 감히 상상할 수 없는 일이기 때문입니다. 본문 말씀을 보면 야곱은 장자의 명분을 얻고야 말겠다고 결심한 듯 보입니다. '큰 자가 어린 자를 섬기리라'라고 하신 하나님의 말씀을 알게 된 야곱은 자신이 장자가 아님에도 하나님이 형이 아닌 자신을 택하셨다는 확신이 들었을 것이고, 이 확신이 장자의 명분을 빼앗으려는 동기로 작용했을 것입니다.

한편 이런 의문도 듭니다. 하나님이 이 일을 허락하신 것이라면, 하나님이 작정하신 대로 결국 큰 자가 어린 자를 섬기게 될 것이라면, 야곱은 그저 잠자코 기다리기만 해도 될 텐데, 왜 속임수까지 써 가며 장자의 명분을 얻으려고 했을까 하는 의문입니다. 야곱은 하나님이 에서가 아닌 바로 자신을 택하셨다는 것을 어머니로부터 들어 알았으면서도 장자의 명분, 어찌 보면 허울에 불과할지도 모르는 것을 왜 기를 쓰고 얻으려고 했을까요? 이런 관점에서 보면, 본문 말씀의 초점은 야곱이 장자의 명분을 빼앗으려고 얼마나 비겁하게 굴고 있는가에 있지 않다는 생각이 듭니다. 오히려 왜 야곱은 장자의 명분을 얻으려고 했을까, 하는 관점에서 말씀을 살펴보게 됩니다.

무엇과도 비교할 수 없는
귀한 고백

이제 '예수 그리스도의 계보'라는 신약의 자막을 염두에 두고, 이 사건의 의미를 생각해 봅시다. 야곱이 장자의 명분을 얻으려고 한 행동에는 어떤 의미가 있을까요? 신약의 렌즈를 통해 본문 말씀의 사건을 바라보면, 장자의 명분을 얻으려고 한 야곱의 모습은 '나는 예수가 필요하다. 나는 예수의 족보에 들어가야겠다'라는 고백에서 비롯된 행동으로 보입니다. 이런 야곱의 태도는 에서의 태도와 대비됩니다.

본문 말씀을 보면, 허기진 채 들에서 돌아온 에서가 죽을 끓이고 있는 야곱을 보게 되는 장면이 나옵니다. 잔뜩 배고픈 에서가 죽을 달라고 하자 야곱은 먼저 장자의 명분을 자기에게 팔라고 요구합니다. 에서는 지금 배고파 죽을 지경인데 장자의 명분이 무슨 소용이냐고 합니다. 에서에게는 당장 눈앞에 있는 먹고사는 문제가 중요할 뿐, 예수 그리스도는 중요하지 않다는 것을 구약은 이렇게 상징으로 보여 주는 것입니다. 이처럼 구약은 사건과 상징을 통해 메시지를 전달하면서 장자의 명분을 가볍게 여기는 에서의 태도에 영적 문제가 있음을 분명하게 짚고 넘어갑니다. "야곱이 떡과 팥죽을 에서에게 주매 에서가 먹으며 마시고 일어나 갔으니 에서가 장자의 명분을 가볍게 여김이었더라"(창 25:34). 가볍게 여겼다는 말은 망령되게 행동했다는 뜻입니다. 성경은 에서가 장자의 명분을 판 일이 자기 영혼을 망하게 한 일이었다고 해석하고 있습니다.

물론 야곱이 장자의 명분을 얻어 내려고 비겁한 수를 쓴 행동 자체는 성숙한 모습이 아닙니다. 야곱이 취한 방법은 꾸중을 들어야 마땅하지만, 그가 행동으로 보여 준 '나는 예수 그리스도가 필요하다'라는 고백만큼은 무엇과도 비교할 수 없는 귀한 고백입니다.

여기에서 섣불리 '에서와 달리 야곱은 이런 영적 갈망이 있었기 때문에 택함을 받았다'라고 결론지을 것은 아닙니다. 오히려 야곱은 이미 택함을 받은 자이기 때문에 장자의 명분을 갈망하도록, 즉 예수 그리스도를 갈망하도록 인도받았다고 하는 편이 옳을 것입니다. '나는 예수 그리스도가 필요하다'와 같은 고백은 구원으로 인도받았을 때 나올 수 있는 고백이기 때문입니다. 성경은 야곱이 이런 영적 초대를 받은 자이기 때문에 그토록 장자의 명분을 얻으려 했던 것이라고 말하고 있습니다.

앞서 언급했듯, 장자의 명분을 얻으려는 야곱의 분투는 아버지 이삭으로부터 물려받을 재산 때문이 아니었습니다. 단지 재산 때문이었다면 그는 장자의 명분을 지키는 일에 목숨까지 걸지는 않았을 것입니다. 야곱은 형 에서로부터 생명의 위협을 느낀 적이 여러 번 있었지만 그는 목숨을 걸고서라도 장자의 권리를 지켜 냈습니다. 야곱의 이런 태도에서 그가 재산 때문에 장자의 권리를 탐한 것은 아니라는 점을 확인할 수 있습니다. 창세기 32장에 가면 '얍복 나루 사건'이 나오는데, 야곱은 자기 재산을 비롯한 생애 전체가 걸려 있는 심각한 상황에서도 결코 장자의 권리를 놓지 않습니다. 그는 어떤 경우에도 장자의 명분을 무르지 않았던 것입니다.

우리의 운명은 우리 손에 달려 있지 않습니다. 어느 누가 방해해도 우리의 운명은 바뀌지 않습니다. 우리는 결국 목적지에 도착하고 말 것입니다. 하나님은 신실하신 분이기 때문입니다. 하나님은 한번 시작하신 일을 절대로 포기하지 않으시기에 그 무엇도 그분이 하시는 일을 방해하지 못합니다. 이를 알면 두렵고 떨리는 마음으로 구원을 이루어 가야 합니다.

질문하기

1. 성경은 우리가 자격 하나 갖춘 것 없이 하나님의 자녀가 되었다는 이야기를 할 때 어떤 단어를 사용합니까?

2. 야곱을 '택하심'은 어떤 의미입니까?

3. 장자의 명분을 얻으려고 한 야곱의 모습은 어떠한 고백에서 비롯된 것입니까?

나누기

어려움에도 포기하지 않았던 나의 '장자의 권리'가 있었다면 나누어 봅시다.

08

너를 이끌어 이 땅으로 돌아오게 할지라

—————— 10 야곱이 브엘세바에서 떠나 하란으로 향하여 가더니 11 한 곳에 이르러는 해가 진지라 거기서 유숙하려고 그 곳의 한 돌을 가져다가 베개로 삼고 거기 누워 자더니 12 꿈에 본즉 사닥다리가 땅 위에 서 있는데 그 꼭대기가 하늘에 닿았고 또 본즉 하나님의 사자들이 그 위에서 오르락내리락 하고 13 또 본즉 여호와께서 그 위에 서서 이르시되 나는 여호와니 너의 조부 아브라함의 하나님이요 이삭의 하나님이라 네가 누워 있는 땅을 내가 너와 네 자손에게 주리니 14 네 자손이 땅의 티끌 같이 되어 네가 서쪽과 동쪽과 북쪽과 남쪽으로 퍼져나갈지며 땅의 모든 족속이 너와 네 자손으로 말미암아 복을 받으리라 15 내가 너와 함께 있어

네가 어디로 가든지 너를 지키며 너를 이끌어 이 땅으로 돌아오게 할지라 내가 네게 허락한 것을 다 이루기까지 너를 떠나지 아니하리라 하신지라 (창 28:10-15)

앞 장에서 우리는 야곱이 태어나기 전에 이미 하나님의 선택을 받았고, 이후 그의 전 인생이 하나님의 의도와 계획 가운데 인도받게 되었다는 이야기를 살펴보았습니다. 이는 비단 야곱만이 아니라 택함을 받은 모든 신자의 이야기라는 점 역시 확인하였습니다.

이번 장에서는 '벧엘 사건'을 다룹니다. 하나님의 인도하심에 대해 인간은 어떻게 반응하는가, 그리고 그 반응에 따라 하나님은 계획하신 바를 어떻게 다 이루시는가에 대해 살펴보고자 합니다.

꿈에 본즉 사닥다리가 땅 위에 서 있는데

벧엘 사건은 야곱의 생애와 신앙 여정을 이해할 수 있게 해 주는 대표적 사건입니다. 하나님이 야곱의 생애를 통해 말씀하고 싶으신 내용이 이 사건에 잘 담겨 있습니다. 벧엘 사건의 대략은 이렇습니다. 야곱은 아버지를 속여 형 에서가 받을 복을 가로챕니다. 이 일로 에서가 야곱을 죽이려 하자 야곱은 외삼촌 라반의 집으로 도망칩니다. 라반이 사는 하란으로 가는 도중 야곱은 어떤 곳에 이르러 돌베개를 베고 잠이 듭니다. 꿈에서 보니 사닥다리가 하늘에 닿아 있는데, 하나님의 사자들이 오르락내리락하고 그 위에는 하나님이 서 계십니다. 꿈에서 깨어난 야곱은 '여기 하나님이 계시는데도 내가 미처 몰랐구나' 하고 두려워하며 그곳을 벧엘 곧 '하나님의 집'이라고 이름 짓습니다.

이 사건에서 눈여겨보아야 할 것은 야곱이 하나님이 계신 곳을 찾아 올라간 것이 아니라 하나님이 야곱이 있는 곳으로 친히 찾아 내려오셨다는 점입니다. 여기 사다리는 누가 놓은 것일까요? 야곱이 아니라 하나님이 놓으신 것입니다. 야곱을 만나기 위해 친히 사다리를 놓아 내려가신 하나님, 이것이 구원입니다. 이처럼 본문 말씀은 구원을 아름답게 묘사하고 있습니다. 우리가 하나님을 찾으러 올라가지 않고 하나님이 친히 내려오셨습니다. 구원은 언제나 이렇게 이루어집니다.

또 하나 생각할 점은 이것입니다. 꿈은 꾸는 것이 아니라 꾸게 되는 것이라는 점입니다. 꿈을 꾸고 싶은 대로 꾸는 사람은 없습니다. 꿈은 꾸게 되는 것입니다. 야곱도 하나님을 만나는 꿈을 꾸려고 해서 꾼 것이 아닙니다. 하나님을 만나는 꿈을 꾸게 된 것입니다. 생각지도 못한 꿈입니다.

벧엘 사건에서 가장 흥미로운 대목은 아마 이 부분일 것입니다. 13절부터 봅시다.

또 본즉 여호와께서 그 위에 서서 이르시되 나는 여호와니 너의 조부 아브라함의 하나님이요 이삭의 하나님이라 네가 누워 있는 땅을 내가 너와 네 자손에게 주리니 네 자손이 땅의 티끌 같이 되어 네가 서쪽과 동쪽과 북쪽과 남쪽으로 퍼져나갈지며 땅의 모든 족속이 너와 네 자손으로 말미암아 복을 받으리라 내가 너와 함께 있어 네가 어디로 가든지 너를 지키며 너를 이끌어 이 땅으로 돌아오게 할지라 내가 네게 허락한 것을 다 이루기까지 너를 떠나지 아니하리라 하신지라 (창 28:13-15)

아브라함에게 복을 약속하면서 주셨던 말씀과 거의 비슷합니다. 그런데 아브라함에게 하신 약속에는 없는 말씀이 여기 들어 있습니다. 15절을 보십시오. "내가 너와 함께 있어 네가 어디로 가든지 너를 지키며 너를 이끌어 이 땅으로 돌아오게 할지라 내가 네게 허락한 것을 다 이루기까지 너를 떠나지 아니하리라 하신지라." 이 구절에서 어느 대목이 가장 눈에 들어옵니까? '내가 너와 함께 있어', '네가 어디로 가든지 너를 지키며', '너를 이끌어 이 땅으로 돌아오게 할지라', '내가 네게 허락한 것을 다 이루기까지', '너를 떠나지 아니하리라.' 모두 다 좋은 구절이지만 하나님이 특별히 야곱의 생애를 우리에게 펼쳐 보이면서 주려는 메시지와 가장 잘 들어맞는 구절은 '너를 이끌어 이 땅으로 돌아오게 할지라'라는 말씀입니다.

하나님이 야곱과 함께하여 그가 어디로 가든지 지키고 이끌어 결국 다시 이 땅으로 돌아오게 할 것이라면 무엇 때문에 지금은 가도록 놓아두시는가, 하는 질문이 생깁니다. 어차피 그에게 가나안 땅을 줄 것이라면 왜 군이 하란으로 가게 두시고는 '너를 이끌어 이 땅으로 돌아오게 할지라'라고 하시는 것일까요?

야곱은 결국 이 땅으로 돌아올 것입니다. 그러나 돌아오기까지 얼마나 힘든 인생을 보내야 했는지 모릅니다. 그는 형을 속인 일로 하란까지 도망갈 수밖에 없었는데, 그곳에서 부인을 넷이나 거느린 채 살아야 했습니다. 부인 넷을 둔다는 것은 당시 문화에서는 복 받은 증거로 볼 수 있을지 모르지만, 성경은 이 일을 복되다고 보지 않습니다. 야곱은 네 명의 아내 때문에 고민도 많이 하고 곤란한 일도 자주 겪습니다. 힘든 하루 일과를 마치고 집에 돌아와도 자기가 제일 좋아하는 아내와 함께 있을 수 없습니다. 서로 먼저 야곱을 차지하겠다며 부인들이 서로 다투기 때문입니다. 이러니 집이 스위트 홈일 리가 없습니다. 자식들도 속을 썩입니다. 장남 르우벤은 자기 서모(庶母) 빌하와 관계를 맺어 야곱을 번민하게 했습니다. 다른 아들들 역시 형제인 요셉을 팔아넘기기까지 합니다. 야곱은 밖에 나가도 고달프고 집에 들어와도 고달픕니다. 이것이 야곱의 인생입니다.

게다가 야곱의 생애는 도망하는 일로 채워져 있습니다. 형이 두려워 피신해 있던 하란에서도 외삼촌과 생긴 불화 때문에 떠나게 됩니다. 도망쳤던 원래의 자리로 다시 도망칠 수밖에 없게 된 것입니다. 고향으로 다시 돌아갈 때에는 형이 자기를 죽이지는 않을까 하며 전전긍긍했습니다. 말년에는 약속의 땅이 아닌 낯선 땅 애굽에 거주해야 했습니다. 애굽 왕 바로 앞에 서서 '내 나이가 얼마 못 되니 우리 조상의 나그네 길의 연조에 미치지 못하나 험악한 세월을 보내었나이다'(창 47:9)라고 한 고백이 그의 인생을 압축하여 말해 줍니다. 야곱은 왜 이렇게 힘든 삶을 살아야 했을까요? 하나님 때문입니다.

땅을 소유할 수준의 사람이 되는 것

하나님은 결코 우리 멋대로 살도록 내버려두지 않으십니다. 그래서 신자의 인생은 고단합니다. 하나님이 우리를 놓아두지 않고 기르시기에 우리는 눈에 보이는 이 세상에서의 행복이 진정한 복이 아님을 깨닫게 됩니다. 이 경험이 계속 우리를 따라다닙니다. 그토록 갖고 싶어 했던 돈이 정작 중요한 것이 아님을, 그토록 부러워했던 명예가 별것 아니며 권력 또한 부질없다는 것을 확인하게 되는 과정이 신자의 인생입니다. 예수를 믿으면 만수무강에 만사형통하여 어떤 불행도 덮치지 않을 것 같은데, 사실 정반대입니다. 이런 신자의 삶을 가장 잘 드러내 주는 인물이 바로 야곱입니다.

야곱처럼 힘든 나그네의 삶을 거쳐 와야 비로소 우리는 이 썩어질 육체의 소욕을 내려놓고 영원을 준비하게 됩니다. 본인이 깨닫기까지는 백약이 무효입니다. 옆에서 아무리 이야기해도 자기가 직접 경험하기 전까지는 못 알아듣습니다. 그래서 하나님은 신자에게 이 과정을 겪게 하십니다.

한편, 하나님은 야곱이 하란에 도피하러 갔다 올 것 없이 바로 그에게 가나안 땅을 주실 수도 있었을 것입니다. 그러나 하나님의 목적은 야곱이 가나안 땅을 얻는 그 자체에 있지 않았습니다. 야곱이 그 땅을 소유할 수준의 사람이 되는 것, 이것이 하나님의 목적이었습니다. 그래서 하나님은 야곱에게 하란에서의 삶을 겪게 하신 것입니다. 이것을 잊지 말아야 합니다.

천국은 마치 신부가 신랑을 기다리며 단장하듯, 우리를 기다리고 있을 것입니다. 그런데 결혼식 날에 신부만 단장합니까? 그날은 신랑도 최고로 차려입고 나오는 법입니다. 하나님은 새 예루살렘이 온전히 성도의 기업이 되게 하시려고 우리를 새 예루살렘을 소유하고 누릴 만한 실력 있는 신자로 키워 내려고 하십니다. 천국이 신랑을 위하여 정성껏 단장한 신부같이 신자를 기다리고 있다면, 그 천국을 소유하여 거기서 영원히 살아갈 사람들을 하나님이 어찌 훈련하시지 않겠습니까? 이것이 야곱을 통해 주시는 메시지입니다.

"이 땅을 너와 네 자손에게 주겠다"라고 약속하신 하나님은 야곱으로 하여금 그 땅을 소유할 수준의 사람으로 만들어 가고자 하십니다. 말하자면 하란으로 유학을 보내신 셈입니다. 그렇다고 하란에 가서 하나님이 낸 시험에 합격해야 땅을 주고 그렇지 않으면 주지 않겠다, 하셨다는 뜻은 아닙니다. 당락에 따라 보상이 달라지는 그런 과정이 아닙니다. 하나님은 하란에서의 훈련을 통

해 야곱을 하나님의 사람으로 한껏 성장시키셔서 다시 이곳으로
돌아오게 하실 것입니다.

약속의 땅에 다시 돌아오게
하기까지

시험과 훈련 중 어느 것이 더 어려울까요? 얼핏
생각하면 시험이 더 어려운 것 같지만 그래도 시험은 합격, 아니
면 불합격으로 끝이 있습니다. 그러나 훈련은 끝이 보이지 않습니
다. 될 때까지 하는 것이 훈련이기 때문입니다. 끝이 없습니다. 마
라톤 완주를 목표로 세우면 이를 달성할 때까지 훈련은 계속 연
장됩니다. 두 달, 석 달, 넉 달이 흘러도 될 때까지 하는 것이 훈련
입니다.

하나님이 우리에게 "내가 너를 이끌어 이 땅에 돌아오게 하겠
다"라고 말씀하셨다면 긴장해야 합니다. 하나님에게는 '흐지부
지'라는 단어가 없습니다. 될 때까지 훈련하시고야 말 것입니다.
될 때까지 잠도 안 재울 것이고 휴가나 외출도 당연히 없을 것입
니다. 벧엘 사건에서 하나님이 야곱에게 하신 약속이 바로 이것입
니다.

우리는 하나님의 목적과 계획 가운데 그저 묵묵히 인도받아야
마땅합니다. 올 한 해 하나님이 우리에게 어떤 일을 준비하시고
있는지 우리는 알지 못합니다. 우리가 아는 것은 단 하나, 그분은

선하시고 의로우시며 나를 사랑하신다는 것뿐입니다. 이 사실이 우리로 답 없는 현실을 견디게 합니다. 무슨 일이 벌어져도 결국 나에게 복이며 모든 것이 합력하여 선을 이룰 것이라는 말씀을 잊지 않아야 합니다. 신자의 인생은 이를 얼마큼 아느냐의 싸움입니다.

그래서 야곱의 인생은 괴롭습니다. 야곱은 이것을 깨닫는 데에 굉장히 오랜 시간이 걸렸습니다. 그런데 저는 야곱이 척 깨닫지 못해 마음이 놓입니다. 만약 야곱이 바로 깨달았으면 우리는 할 말이 없을 것입니다. 하나님이 "야곱은 매만 들면 벌써 빌었는데, 너는 스무 대를 맞고도 아직 정신 못 차리고 있느냐"라고 하신다면 우리가 무슨 변명을 할 수 있겠습니까. 그런데 야곱처럼 맞고 또 맞아도 깨닫지 못하는 사람이 있어서 그나마 숨통이 트입니다. 우리가 감사할 수밖에 없는 것은 하나님이 당신을 설명하실 때에 '나는 야곱의 하나님이다' 하고 즐겨 말씀하시기 때문입니다.

우리 인생은 야곱에 비하면 좀 나은 것 같습니다. 야곱의 인생이 우리에게 위로가 되는 이유입니다. 이것이 벧엘 사건입니다. 벧엘은 하나님이 나와 함께하시는 곳이며 하나님이 계시는 집입니다. 이 집은 영광과 완성 속에만 있지 않습니다. 완성을 향해 가는 과정, 곧 고통과 좌절 속에도 있습니다. 하나님이 우리를 붙잡아 약속의 땅에 다시 돌아오게 하기까지 결단코 우리를 놓지 않으실 것입니다. 정말 감사한 일입니다.

질문하기

1. 벧엘 사건에서 눈여겨보아야 할 점은 무엇입니까?

2. 창세기 47장 9절의 고백처럼 야곱의 생애는 어떤 일로 채워져 있습니까?

3. 하나님은 야곱에게 어떤 목적이 있었습니까?

나누기

신앙의 여정이 힘들고 버거워도 보람된 이유를 나누어 봅시다.

네가 하나님과 겨루어

이겼음이니라

24 야곱은 홀로 남았더니 어떤 사람이 날이 새도록 야곱과 씨름하다가 25 자기가 야곱을 이기지 못함을 보고 그가 야곱의 허벅지 관절을 치매 야곱의 허벅지 관절이 그 사람과 씨름할 때에 어긋났더라 26 그가 이르되 날이 새려하니 나로 가게 하라 야곱이 이르되 당신이 내게 축복하지 아니하면 가게 하지 아니하겠나이다 27 그 사람이 그에게 이르되 네 이름이 무엇이냐 그가 이르되 야곱이니이다 28 그가 이르되 네 이름을 다시는 야곱이라 부를 것이 아니요 이스라엘이라 부를 것이니 이는 네가 하나님과 및 사람들과 겨루어 이겼음이니라 29 야곱이 청하여 이르되 당신의 이름을 알려주소서 그 사람이 이르되 어찌하여 내 이름을 묻느냐

하고 거기서 야곱에게 축복한지라 (창 32:24-29)

야곱의 인생을 통해 성경이 말하고 싶은 메시지가 가장 잘 담겨 있는 사건은 '얍복 나루 사건'이라고 할 수 있습니다. 본문 말씀에 나온 얍복 나루 사건은 신자가 구원을 얻은 이후에 어떻게 살아야 하는지에 대해 깊이 생각할 거리를 줍니다.

어떤 사람이 야곱과 씨름하다가

얍복 나루 사건이 말하고자 하는 바는 무엇일까요? 이것은 어떤 사건이기에 야곱의 생애에서 중대한 사건으로 자리매김하고 있는 것일까요? 이 사건에서 먼저 눈여겨볼 대목은 이것입니다. 형 에서를 만나는 일이 두려운 야곱은 전 재산과 가족을 여러 떼로 나누어 앞서 보낸 후 홀로 남습니다. 그때 어떤 사람이 나타나 야곱을 붙잡고 씨름합니다. 24절을 보면 "야곱은 홀로 남았더니 어떤 사람이 날이 새도록 야곱과 씨름하다가"라고 되어 있습니다. 우리는 쉽게 이 씨름이 기도일 것이라 생각합니다. 야곱이 하나님의 사자를 붙잡고 '당신이 내게 축복하지 아니하면 가게 하지 아니하겠나이다'(창 32:26)라고 간청한 것 때문에 그렇게 속단하는 것입니다. 그렇게 본다면 이 사건은 '야곱이 하나님에게 매달려 복을 달라고 간절히 기도했더니 결국 복을 받아

냈다'라는 메시지로 요약될 수 있을 것입니다. 흔히 생각하듯이 여기서의 씨름이 정말 기도일까요?

이 씨름이 기도이려면 누가 씨름을 걸어야 맞습니까? 야곱입니까, 하나님입니까? 야곱이어야 말이 됩니다. 그런데 24절에서 보듯, 이 씨름을 시작한 이는 야곱이 아니라 '어떤 사람'입니다. 어떤 사람 곧 하나님의 사자가 씨름을 걸어온 것입니다. 이것이 이 씨름을 기도로 보기 어려운 이유 중 하나입니다.

또 이 씨름의 승부가 누구에 의해 판가름 나는가를 봅시다. 야곱에게 씨름을 걸었던 사람은 날이 새도록 씨름했지만 자기가 야곱을 이기지 못하자 야곱의 허벅지 관절을 칩니다. '자기가 야곱을 이기지 못함을 보고 그가 야곱의 허벅지 관절을 치매 야곱의 허벅지 관절이 그 사람과 씨름할 때에 어긋났더라 그가 이르되 날이 새려하니 나로 가게 하라'(창 32:25-26). 씨름을 걸었던 사람은 자기 쪽 패색이 짙자 야곱을 떠나가려고 했던 것입니다. 이런 사실로 미루어 이 사건은 야곱이 하나님에게 요구 조건이 있어 기를 쓰고 매달리더니 결국 복을 받아 내더라는 이야기가 아니라는 것을 알 수 있습니다. 오히려 이 사건은 야곱에게 요구할 것이 있던 하나님이 그에게 씨름을 걸었으나 일이 의도대로 풀리지 않자 안 되겠다는 판정을 내리고서 야곱을 떠나가려고 했던 사건이라고 보는 편이 더 타당합니다.

야곱은 자기와 씨름하던 사람이 가려고 하자 '당신이 내게 축복하지 아니하면 가게 하지 아니하겠나이다'(창 32:26)라고 말하며 그를 붙잡습니다. 씨름을 걸었던 사람이 이제 야곱을 놔두고 가려 하는데, 왜 야곱은 그 사람을 붙잡았을까요?

하나님을 주인으로 모시지 않는 인생

야곱은 어머니 배 속에 있을 때부터 이미 하나님의 택하심을 받은 사람입니다. 그러나 그는 하나님 앞에 부름받았다는 것이 무슨 의미인지, 하나님의 자녀답게 사는 것이 무엇인지에 대해서는 아직 충분히 이해하지 못하고 있습니다. 결론부터 말하면, 얍복 나루에 이르기까지 야곱의 생애는 하나님을 알면서도 하나님을 주인으로 모시지 않는 인생을 보여 주는 것이라 할 수 있습니다.

야곱은 하나님을 아는 사람인데도 자기 인생을 하나님과 관계없이 자기 각본대로 끌고 갑니다. 야곱에게 하나님은 축구나 농구에서 도움을 주는 어시스트에 불과합니다. 이를테면 축구장에서 자기가 득점하기 좋은 위치에 서 있을 테니 하나님더러 크로스패스를 하라고 고함을 지르는 것과 같습니다. 하나님이 얼른 공을 패스해 주면 자기가 알아서 차 넣을 테니 그저 잘 넘겨주기나 해달라고 하나님에게 지시하는 것입니다. 그런데 하나님을 이런 식으로 대우했다가는 골대에 머리를 몇 번 찧고서야 정신을 차리게 될 것입니다. 야곱이 겪은 얍복 나루 사건도 바로 이런 일입니다.

하나님은 당신이 우리에게 고작 어시스트 역할이나 하는 정도에 머무는 것을 용납하지 않으십니다. 이것을 알게 하시려고 우리 인생에 고단하고 답답한 일이 일어나는지 모릅니다. '이상하다. 나는 하나님의 일에 열심을 내며 살고 있는데, 왜 하나님은 내 문제를 해결해 주시지 않을까. 하나님이 살짝 패스만 해 주시면 쉽게 골을 넣을 텐데, 왜 도와주시지 않을까'라며 의아해합니다. 아직도 하나님을 내 인생의 보조자쯤으로 여기는 것입니다.

그러나 하나님은 우리 인생의 보조자로 만족하지 않으십니다. 하나님이 욕심 많은 우리와 타협해 버리시면 우리 신앙은 무너지고 말 것이기 때문입니다. 그래서 하나님은 우리의 바람대로 공을 패스해 주지 않고 우리가 보기에 자꾸 이상한 것만 던져 주시는 것입니다. 공이 아니라 수박을 던져 준다고나 할까요. 동그랗게 보여 공인 줄 알고 헤딩했더니 수박이 깨져 골도 못 넣고 축구장을 청소해야 하는 번거로운 일만 생깁니다. 하나님은 당신의 자존심 때문이 아니라 우리의 유익을 위해 그렇게 하시는 것입니다.

야곱은 생애 내내 하나님을 자기 종으로 거느리고 다닙니다. 형에게서 장자의 명분을 빼앗을 때에도, 아버지를 속여 형이 받아야 할 복을 가로챌 때에도 그는 자기 마음대로 행동했습니다.

이렇게 제멋대로 행동하는 야곱을 하나님은 묵묵히 보고 계셨습니다. 그러다가 하나님은 야곱의 이런 모든 행위를 쓸모없게 하십니다. 야곱은 자기 바람대로 장자의 명분을 빼앗고 아버지에게서 형이 받을 복을 가로채지만 그 후에 어떤 일이 일어납니까? 야곱은 하란으로 도망쳐야 했습니다. 도망간 하란에서는 행복했을까요? 그렇지 않았습니다. 야곱은 자기가 정말 좋아했던 라헬을 아내로 삼고자 했지만, 하나님은 레아와 여종들까지 덤으로 주십니다. 사실 덤이 아니라 혹을 붙인 격이라서 야곱은 몇 곱절 더 고단한 인생을 삽니다. 집에 들어가는 것이 지옥입니다. 일을 마치고 돌아오면 부인 넷이 문 앞에서 기다리고 있다가 야곱을 서로 차지하겠다고 다툽니다.

도망간 하란에서 야곱은 여러 꾀를 내어 큰 부자가 되지만, 외삼촌 라반과 생긴 불화로 말미암아 거기서도 살 수 없게 됩니다. 야곱은 가족과 가축을 이끌고 외삼촌 집에서 나옵니다. 큰 부자가 되었으니 위풍당당하게 금의환향이라도 하는 것일까요? 그렇지 않습니다. 야곱은 귀향길 내내 벌벌 떱니다. 형 에서가 부하를 사백 명이나 거느리고 자기를 만나려 한다는 소식을 듣자 간담이 서늘해집니다. 그래서 자기 일행과 가축을 두 떼로 나누어 혹시 있을지 모를 형의 공격으로부터 재산을 조금이라도 지킬 계획을 세웁니다. 나중에 형을 만나게 되었을 때에도 그 앞에 나아가 일곱 번이나 절하며 목숨을 보전하려고 애를 씁니다. 심지어 형을 '주'라고까지 부르며 자신은 '종'이라고 한껏 낮춥니다. "주여, 저는 주의 종입니다." 장자의 명분을 빼앗는 것으로 시작된 그의 모든 노력이 고개를 땅에 박은 채 형에게 자신을 '종'이라고 조아리는 굴욕으로 귀결된 것입니다. 그 처지가 참 딱합니다.

야곱의 이런 딱한 처지는 얍복 나루 사건에서 절정에 달합니다.

목숨이 경각에 달렸다고 판단한 야곱은 에서의 마음을 누그러뜨릴 방법을 고심하다가 형에게 줄 선물을 여러 떼로 나누어 하인에게 먼저 딸려 보냅니다. 만일 에서가 물으면 "이것은 주의 종 야곱이 자기 주 에서에게 보내는 예물입니다"라고 말하도록 종들에게 지시합니다. 그렇게 선물을 보내고 또 보내고 맨 나중에 아내와 자식마저 앞세운 다음 이제 야곱은 강 이쪽에 홀로 남습니다. 이런 꼴인데도 야곱은 아직 자기 인생이 자기 손에 달려 있다고 생각합니다. 전부를 잃은 최후의 순간까지도 자기 인생의 주인을 자기로 착각하고 있는 것입니다.

그가 야곱의 허벅지 관절을
치매

이제 하나님이 개입하려고 직접 내려오십니다. "야곱아, 아직도 네 인생의 주인이 너라고 생각하느냐. 네 인생의 주인은 바로 나다. 너의 생사화복을 주관하는 이는 네가 아니라 나 하나님이다." 이것을 야곱에게 확인시키려고 하나님이 친히 내려와 이 씨름을 거신 것입니다. 그래도 야곱은 '내 인생은 나의 것'이라며 자기가 주인이라고 고집스럽게 버팁니다. 그러자 하나님은 최후 선언을 하십니다. "이래도 너는 끝까지 지지 않고 네 마음대로 하고 싶어 하는구나. 그럼, 어디 너 혼자 잘 살아 봐라"라고 한 후 떠나려고 하십니다. 이것이 25절에 담긴 의미입니다. "자기가 야곱을 이기지 못함을 보고 그가 야곱의 허벅지 관절을 치매 야곱의 허벅지 관절이 그 사람과 씨름할 때에 어긋났더라"(창 32:25). 이렇게 하나님이 몸소 찾아오셨는데도 인간은 쉽게 항복하지 않더라는 이야기가 바로 얍복 나루 사건입니다. 하나님의 사자는 자기가 야곱을 이길 수 없음을 알고는 야곱의 허벅지 관절을 칩니다. '내가 떠나면 너는 끝이다'라는 최후 경고가 내려진 것입니다.

그제야 야곱이 알아듣습니다. 마침내 야곱이 무릎을 꿇은 것입니다. 자기 인생의 주인이 자신이 아니라는 사실을 비로소 받아들이고 하나님을 붙듭니다. 26절에 나온 '당신이 내게 축복하지 아니하면 가게 하지 아니하겠나이다'라는 말이 무슨 뜻일까요? 우리는 이 말을 대개 '봐라. 야곱이 이렇게 간청하고 애원하여 마침내 복을 받아 내지 않았느냐' 하는 의미로 읽고는 이 사건을 '끈질긴 기도로 얻어 낸 복'이라는 교훈으로 성급하게 마무리합니다. 그러나 야곱의 말은 결코 그런 의미가 아닙니다. 야곱은 '당신이 내게 축복하지 아니하면 가게 하지 아니하겠나이다'라는 말로 하나님에게 항복을 선언하고 있는 것입니다. 드디어 야곱이 하나님에게 항복하는 자리에 이른 것입니다. 하나님의 마지막 경고를 듣고는 비로소 도와 달라고 하나님을 붙잡습니다. 자기 인생의 주인이 하나님이라는 사실을 이제야 깨달은 것입니다.

얍복 나루에 선 야곱이 아니라 얍복 나루에 야곱을 세우시고야 마는 하나님을 보아야 합니다. 하나님의 이 열심을 안다면 감사가

나올 수밖에 없습니다. 우리는 하나님을 주인으로 섬기며 사는 훈련을 기꺼이 받겠다고 결심해야 하는 자리로 초대받았습니다. 우리의 구원자만이 아니라 우리 삶의 주인이 되기를 원하시는 하나님이 우리에게 찾아오셔서 씨름을 걸어오셨습니다. 이 열심 앞에 기꺼이 항복하는 복된 인생이 되기 바랍니다.

질문하기

1. 얍복 나루에서 벌인 씨름은 누가 먼저 시작하였습니까?

2. 하나님은 야곱에게 직접 내려오셔서 무엇을 확인시켜 주십니까?

3. 야곱이 '당신이 내게 축복하지 아니하면 가게 하지 아니하겠
   나이다'(창 32:26)라고 한 말은 무슨 뜻입니까?

나누기

하나님은 보조자가 아니었다는 사실을 어떻게 깨닫게 되었는지
나누어 봅시다.

10

네 이름이 무엇이냐

24 야곱은 홀로 남았더니 어떤 사람이 날이 새도록 야곱과 씨름하다가 25 자기가 야곱을 이기지 못함을 보고 그가 야곱의 허벅지 관절을 치매 야곱의 허벅지 관절이 그 사람과 씨름할 때에 어긋났더라 26 그가 이르되 날이 새려하니 나로 가게 하라 야곱이 이르되 당신이 내게 축복하지 아니하면 가게 하지 아니하겠나이다 27 그 사람이 그에게 이르되 네 이름이 무엇이냐 그가 이르되 야곱이니이다 28 그가 이르되 네 이름을 다시는 야곱이라 부를 것이 아니요 이스라엘이라 부를 것이니 이는 네가 하나님과 및 사람들과 겨루어 이겼음이니라 29 야곱이 청하여 이르되 당신의 이름을 알려주소서 그 사람이 이르되 어찌하여 내 이름을 묻느냐

하나님은 야곱의 인생이 야곱에게 달려 있지 않고 하나님 손에 있다는 것을 알게 하려고 그에게 내려오셨습니다. 지금껏 하나님은 야곱의 인생에 개입하여 계속 이것을 말씀해 오셨는데도 그는 항복하지 않았습니다. 때로는 직접 개입하셔서 알려 주셨지만 야곱은 듣지 않았습니다. 하나님은 끝까지 고집부리는 야곱을 이제 한 대 치시고 떠나가려고 합니다. 그제야 야곱이 알아듣습니다. 비로소 하나님이 하시는 말씀을 알아들었기에 이제 하나님에게 복을 달라고 하는 것입니다.

네 이름이 무엇이냐

복을 달라고 간청하는 야곱에게 하나님이 물으십니다. '네 이름이 무엇이냐.' 야곱에게 이름을 묻다니 이는 쉽게 꺼낼 수 있는 질문이 아닙니다. '네 이름이 무엇이냐.' '야곱이니이다.' '야곱'이란 이름의 뜻은 '약탈자'입니다. 사기꾼, 강도라는 뜻이 담겨 있습니다. 하나님이 야곱에게 확실히 해 두시려는 것은 이것입니다. "네 이름이 무엇이냐. 너는 약탈자가 아니냐. 그런데 왜 복을 달라고 구하느냐. 강도는 남에게 부탁하는 자가 아니지 않느냐."

강도는 남에게 부탁하거나 애원하지 않습니다. 막무가내로 들이대어 빼앗아 가는 자가 강도입니다. 야곱은 그 이름이 지닌 뜻대로 약탈하는 인생을 살아왔습니다. 야곱은 하나님을 아는 사람이었지만, 자기 인생을 하나님이 인도해 주시기를 구하지는 않았습니다. 그는 약탈자, 강도처럼 살아왔습니다. 약탈자는 자신이 원하는 바를 힘으로 얻어 내는 사람입니다. 자기 인생의 주인이 자기입니다. 이런 사람이 하나님의 사자를 붙들고 축복해 달라고 구한 것입니다.

축복해 달라는 것은 남에게 도움을 청하는 행위인데, 약탈자인 야곱이 지금 이렇게 애원하고 있습니다. 이런 야곱에게 하나님은 그의 이름을 물으셔서 그가 원래 어떤 존재인지 알게 하십니다. 너는 약탈자이면서 왜 나에게 복을 달라고 애원하느냐, 너는 남에게 도움을 청하는 사람이 아니지 않느냐, 원하는 것이 있으면 언제나 네 손으로 빼앗아야 직성이 풀렸던 사람이 아니냐, 이런 의미를 담아 하나님은 야곱의 이름을 물었던 것입니다.

그는 '야곱이니이다'라고 답합니다. 뻔뻔스럽지 않고서야 자기 이름을 "나는 약탈자입니다"라고 말할 수는 없을 것입니다. 그런데 지금 야곱은 "나는 약탈자입니다. 강도입니다"라고 말하고 있는 셈입니다. 이미 자기가 어떤 사람인가를 깨달은 야곱은 더 이상 어찌할 수 없을 만큼 한껏 자신을 낮춘 채 이 고백을 꺼내 놓고 있는 것입니다.

이런 고백을 한 야곱에게 어떤 복이 내려집니까? 그의 이름이 바뀝니다. '야곱'에서 '이스라엘'로 이름이 바뀝니다. '이스라엘'이라는 이름은 '하나님과 겨루어 이겼다'라는 뜻입니다. '약탈자'에서 '하나님과 겨루어 이긴 사람'으로 바뀐 것입니다. 하나님과 겨루어 이겼다니 무슨 뜻일까요?

야곱은 하나님을 손쉽게 이긴 것이 아닙니다. 그는 허벅지 관절이 부러지는 아픔을 겪었습니다. 그냥 손쉽게 이긴 것이라면 야곱은 복을 받을 수도, '이스라엘'이라는 새 이름을 받을 수도 없었을 것입니다. 그가 이겼다는 것은 무슨 뜻일까요? 그가 드디어 하나님과 더불어 사는, 하나님의 사람으로 복을 얻어 내는 일에 승리했다는 뜻입니다. 얍복 나루에서 야곱에게 씨름을 건 하나님의 사자는 자기가 야곱을 이기지 못함을 보자 떠나려고 했습니다. 그런데 야곱이 그럴 수는 없다고, 즉 하나님 없이는 살 수 없다고 항복한 것입니다. 그렇다면 '하나님과 겨루어 이겼다'라는 말은 우리가 흔히 생각하는 것과는 다른 차원의 승리를 의미하는 것이 분명합니다.

주께서 전에 내게 명하시기를

야곱의 생애 목표는 '어떻게 복을 얻어 낼 것인가' 하는 것이었습니다. 그는 자기 힘으로 복을 얻어 내려고 했고 하나님을 그저 이 일에 도움을 주는 보조자 정도로 여겼습니다.

하란에서 외삼촌 라반의 일을 돌보던 야곱의 모습을 떠올려 봅시다. 오랫동안 라반을 위해 일했던 야곱이 이제 고향으로 돌아가겠다고 하자, 라반이 만류합니다. 야곱 덕분에 복을 받아 재산이 늘어나자 라반은 그를 보내기 싫었던 것입니다. 그러자 야곱은 이런 제안을 합니다. 자기가 돌보는 라반의 가축 중에서 얼룩진 것과 점 있는 것은 자기의 소유로 하겠다는 제안입니다. 라반은 이에 동의하지만, 실은 속임수를 써서 얼룩진 것과 점 있는 것을 미리 빼돌립니다. 그런데 하나님의 도우심으로 얼룩지고 점 있는 양과 염소가 많아지게 되어 야곱은 큰 떼를 거느리게 됩니다. 이렇듯 야곱의 인생에는 늘 그를 돕는 하나님의 손길이 있었습니다. 하나님이 도와주신 것입니다.

이처럼 하나님은 우리도 도와주십니다. 우리 인생에 하나님의 도움이 미치지 않는 곳은 없습니다. 하지만 기억할 점이 있습니다. 하나님은 보조자로서 우리를 도와주시는 것이 아니라는 점입니다. 하나님을 이렇게 이해한다면 정말 큰일입니다. 하나님이 우리를 도와주시는 것은 우리가 당신의 자녀이기 때문입니다. 하나님은 우리를 지키시고 인도하시고 우리 삶을 보장해 주십니다. 그런 하나님이시기에, 시편에서 보듯 하나님은 우리의 산성이요 방패이며 영원한 구원의 반석이라고 찬송할 수 있는 것입니다. 시편이 노래하는 하나님은 그저 우리의 소원을 이루어 주는 알라딘의 요술 램프 속 요정 같은 존재가 아닙니다.

하나님을 믿는다고 하면서 아직도 인생이 자기 손에 달려 있다고 생각한다면, 조만간 우리는 얍복 나루에서 하나님이 걸어오시는 씨름을 마주해야 할 것입니다. 이것은 틀림없는 사실입니다. 어떤 경우에도 하나님은 당신이 주인이 아닌 기독교 신앙을 신자에게 허락하신 적이 없습니다. 하나님은 당신을 주인으로 인정하도록 우리에게 강요하는 분이 아니지만, 그렇다고 하나님의 주인 되심을 양보하지도 않으십니다. 여기에 하나님 되심의 신비가 있습니다. 하나님을 안다고 하지만 아직 하나님을 인생의 주인으로는 모시고 살지 않는 우리 모습이 얍복 나루 사건에 선명히 드러나 있습니다.

창세기 32장에 보면 야곱은 하란에서의 오랜 객지 생활을 접고 고향으로 돌아가고자 합니다. 야곱은 자기 종들을 에서에게 먼저 보내어 그간 자신의 형편과 자기가 돌아간다는 기별을 전합니다. 야곱의 종들이 에서를 만난 후, 야곱에게 보고합니다. "주인님의 형님이 부하 사백 명을 거느리고 주인님을 만나러 나오고 있습니다." 상황 보고를 받은 야곱은 이제는 다 끝났구나, 여태껏 형님이 그 일을 잊지 않고 있었구나, 하는 두려움에 휩싸입니다. 야곱은 꾀를 내어 조치를 취하고는 하나님에게 기도합니다.

야곱이 심히 두렵고 답답하여 자기와 함께 한 동행자와 양과 소와 낙타를 두 떼로 나누고 이르되 에서가 와서 한 떼를 치면 남은 한 떼는 피하리라 하고 야곱이 또 이르되 내 조부 아브라함의 하나님, 내 아버지 이삭의 하나님 여호와여 주께서 전에 내게 명하시기를 네 고향, 네 족속에게로 돌아가라 내가 네게 은혜를 베풀리라 하셨나이다 나는 주께서 주의 종에게 베푸신 모든 은총과 모든 진실하심을 조금도 감당할 수 없사오나 내가 내 지팡이만 가지고 이 요단을 건넜더니 지금은 두 떼나 이루었나이다 내가 주께 간구하오니 내 형의 손에서, 에서의 손에서 나를 건져내시옵소서 내가 그를 두려워함은 그가 와서 나와 내 처자들을 칠까 겁이 나기 때문이니이다 주께서 말씀하시기를 내가 반드시 네게 은혜를 베풀어 네 씨로 바다의 셀 수 없는 모래와 같이 많게 하리라 하셨나이다 (창 32:7-12)

야곱의 기도를 들으면 두 가지 생각이 듭니다. 하나는 야곱이 기도를 참 괜찮게 하는구나 하는 생각이고, 다른 하나는 야곱은 정말 뻔뻔한 사람이구나 하는 생각입니다. 절박한 상황에 몰리면 사람은 올바르고 그럴싸한 기도를 곧잘 합니다. 지당하고 옳은 기도를 하면 정말 그럴듯해 보이지만, 그 기도가 아직 진짜 자기 기도는 아닙니다.

야곱의 기도를 봅시다. '내 조부 아브라함의 하나님, 내 아버지 이삭의 하나님'이라고 하여 족보까지 언급하며 기도하고 있습니다. 또 '여호와여 주께서 전에 내게 명하시기를 네 고향, 네 족속에게로 돌아가라 내가 네게 은혜를 베풀리라 하셨나이다'(창 32:9)라고 하여 자기가 지금 이런 상황에 처하게 된 것이 하나님이 하라는 대로 했기 때문이라고 말하고 있습니다. 여기 나온 야곱의 기도는 "하나님, 하나님이 저더러 고향으로 돌아가라고 하시지 않았습니까? 제가 돌아가고 싶어서 갔습니까? 하나님이 가라고 해서 간 것입니다"라고 말하는 셈입니다. 사람은 꼭 이럴 때 하나님을 갖다 붙입니다. 하나님이 가라고 해서 간 것이지 자기가 원해서 돌아간 것은 아니라고 선을 긋습니다.

야곱은 하나님의 약속도 언급합니다. "하나님이 약속하시지 않았습니까? 제 자손을 하늘의 별 같게, 바다의 모래 같게 해 주겠다고 하시지 않았습니까? 그래 놓고 이제 와서 저를 죽게 두시면 어떡합니까?"라는 부르짖음입니다. 구구절절 옳은 기도이지만, 야곱은 지금 어떤 모습으로 서 있습니까? 하나님이 도전해 온 씨름에 항복하지 않은 채, 얍복 나루에 버티고 서 있습니다. 하나님에게 멋진 기도를 드리면서도 막상 하나님이 걸어온 씨름에는 지지 않으려는 야곱에게 있는 모순은 우리 자신에게서도 늘 발견되는 모습입니다.

그러니 유려한 신앙 고백을 했다고 해서 자신이 고백한 수준에 와 있다고 생각하면 오산입니다. 인간은 그렇게 쉽게 항복하는 존재가 아닙니다. 인간은 생각보다 더 악질이고, 우리가 악질이라고 여기는 것보다 더 지독한 존재입니다. 인생을 살면 살수록 더 수긍하게 되는 대목입니다. '이제 다시는 그런 죄를 안 지을 것 같다' 하는 생각을 삼십 번쯤 하고 난 후에도 '정말 이제 다시는 안 그럴 것 같다'가 아니라 '나는 아마도 또 그럴 것 같다'라는 생각이 드는 존재가 바로 인간입니다. 야곱이 그런 존재이며 우리 역시 그런 존재입니다.

집념과 열심을
가지신 분

얍복 나루 사건을 통해 발견하게 되는 은혜가 바로 여기에 있습니다. 야곱을 찾아와 씨름하시고 허벅지 관절을 부러뜨리기까지 하시는 하나님의 손길을 보십시오. 그것은 분노나 포기가 아닙니다. 심판은 더더욱 아닙니다. 그것은 사랑입니다. 이렇게까지 하시는 것은 사랑 때문입니다.

성경에서 가장 고집이 센 사람은 아마 야곱이 아닐까 생각합니다. 우리 같으면 야곱보다는 조금 더 빨리 항복했을 것 같습니다. 성경에서 고집불통의 대명사로 불리는 사람이 바로 야곱인데, 이런 야곱마저 하나님이 마침내 항복시키더라는 이야기가 얍복 나루 사건입니다. 그러니 우리는 더 말할 것도 없습니다. 야곱을 얍복 나루에 세우시고야 마는 하나님, 마침내 야곱을 항복시키고야 마는 하나님을 보십시오.

그러니 하루라도 빨리 항복하십시오. 이렇게 하여 신자가 반드시 인정해야 할 내용이 있습니다. 예수 믿는 자에게는 더 이상 절망이 없다는 것입니다. 신자에게 절망이란 없습니다. 이제 나는 끝이다, 하나님이 나 같은 사람까지 돌아보실까, 이런 생각만큼 하나님을 모욕하는 말은 없습니다. 당신의 아들을 십자가에 못 박기까지 하신 하나님입니다. 하나님이 용서하시지 못할 죄란 없습니다. 하나님은 그 어떤 것을 감수하고서라도 우리를 당신의 자녀답게 만드실 것입니다. 그런 집념과 열심을 가지신 분이 우리 하나님입니다.

질문하기

1. 약탈자는 어떤 사람입니까?

2. 야곱의 생애 목표는 무엇이었습니까?

3. 야곱의 모순은 어떤 모습입니까?

나누기

내 안에 남아 있는 신앙의 모순을 진솔하게 성찰해 보고 나누어
봅시다.

11

야곱의 전능자의 손을 힘입음이라

22 요셉은 무성한 가지 곧 샘 곁의 무성한 가지라 그 가지가 담을 넘었도다 23 활쏘는 자가 그를 학대하며 적개심을 가지고 그를 쏘았으나 24 요셉의 활은 도리어 굳세며 그의 팔은 힘이 있으니 이는 야곱의 전능자 이스라엘의 반석인 목자의 손을 힘입음이라 25 네 아버지의 하나님께로 말미암나니 그가 너를 도우실 것이요 전능자로 말미암나니 그가 네게 복을 주실 것이라 위로 하늘의 복과 아래로 깊은 샘의 복과 젖먹이는 복과 태의 복이리로다 26 네 아버지의 축복이 내 선조의 축복보다 나아서 영원한 산이 한 없음 같이 이 축복이 요셉의 머리로 돌아오며 그 형제 중 뛰어난 자의 정수리로 돌아오리로다 (창 49 : 22-26)

이번 장에서는 야곱의 말년을 다룹니다. 지금까지 우리는 야곱의 생애를 그 시작부터 추적해 오면서 하나님이 야곱을 당신의 손으로 고치시고 빚어 가시는 과정을 살펴보았습니다. 야곱의 생애를 잘 이해할 수 있게 해 주는 사건을 들라고 하면, 벧엘 사건과 얍복 나루 사건을 꼽을 수 있을 것입니다. 형 에서를 피하여 도망가던 야곱에게 하나님이 꿈으로 나타나 그에게 복을 약속하신 일이 벧엘 사건입니다. 또 형 에서에게서 도망해 잘 살아 보려 했으나 결국 형 앞에 두려움으로 다시 서야 했던 야곱에게 하나님이 씨름을 걸어와 그의 이름을 바꾸어 항복하게 하신 일이 얍복 나루 사건입니다. 파란만장했던 야곱의 삶도 이제 황혼에 이르렀습니다. 하나님의 손길을 통해 야곱은 어떤 사람으로 변화되었을까요? 성경의 위인들에게서 발견될 것이라 기대했던 빛나는 결실과는 다른, 독특한 결실이 야곱에게서 맺힙니다. 하나님이 야곱으로 여러 과정을 겪게 하신 다음 그에게 어떤 결실을 이루셨는지 확인해 봅시다.

네 아버지의 하나님께로
말미암나니

창세기 49장에는 죽음을 앞둔 야곱이 아들들을 불러 놓고 그들이 장차 겪을 일들에 대해 일러 주는 장면이 나옵니다. 야곱은 아들 한 사람 한 사람의 장래를 예언하며 그들에게 복을 빌어 주는데, 이 대목에서 야곱의 변화된 모습이 엿보입니다.

본문 말씀은 야곱이 요셉을 축복하는 장면입니다. 22절부터 읽어 봅시다. '요셉은 무성한 가지 곧 샘 곁의 무성한 가지라 그 가지가 담을 넘었도다 활쏘는 자가 그를 학대하며 적개심을 가지고 그를 쏘았으나 요셉의 활은 도리어 굳세며 그의 팔은 힘이 있으니.' 야곱은 요셉을 샘 곁의 무성한 가지에 비유합니다. 얼마나 무성하게 잘 자랐는지 가지가 담장을 넘었다고 합니다. 활 쏘는 자들이 요셉의 무성함을 보자 적개심을 품고 그를 향해 활을 쏘지만, 적의를 품고 쏜 그들의 활보다 요셉이 쏜 활이 도리어 굳세다고 합니다. 야곱은 요셉의 활이 굳세며 그의 팔이 힘 있는 이유를 이렇게 언급합니다. "요셉의 활은 도리어 굳세며 그의 팔은 힘이 있으니 이는 야곱의 전능자 이스라엘의 반석인 목자의 손을 힘입음이라"(창 49:24). 야곱의 전능자요 반석이신 하나님이 함께하셔서 그렇다는 것입니다. 이 대목이 참 흥미롭습니다.

야곱은 요셉의 강함이 누구로 말미암은 것이라고 말합니까? 요셉의 강함은 전능자의 손을 힘입었기 때문이라고 합니다. 그런데 이 전능자를 누구의 전능자라고 표현하였습니까? '야곱의 전능자'라고 하였습니다. 야곱이 요셉을 축복하면서 자기 이름을 여기 집어넣은 것입니다.

이와 비슷한 표현이 계속 이어집니다. 25절의 '네 아버지의 하나님께로 말미암나니'에서도 단순히 '하나님께로 말미암나니'라고 하지 않고 '네 아버지의 하나님'이라고 덧붙입니다. 여기서

'네 아버지'가 누구입니까? 화자인 야곱 자신입니다. 자신의 이름을 여기 넣다니 좀 낯간지럽게 여겨지기도 합니다. 요셉을 축복하는 자리에서 야곱은 복을 빌어 주는 한마디 한마디에 이런 표현을 담고 있는 것입니다. 또 26절에 보면, '네 아버지의 축복이 내 선조의 축복보다 나아서'라고 다시 한번 강조하며 요셉에 대한 축복을 마무리합니다. 복을 빌어 주는 말 곳곳에 자신의 이름을 언급한 것을 보니 야곱은 자부심이 대단한 사람 같아 보입니다.

26절의 '네 아버지의 축복이 내 선조의 축복보다 나아서 영원한 산이 한 없음 같이 이 축복이 요셉의 머리로 돌아오며'라는 구절을 음미해 봅시다. 여기서 야곱은 자기가 받은 복을 자기 선조들이 받은 복과 비교하고 있습니다. 야곱의 선조가 누구입니까? 아브라함과 이삭입니다. 그렇다면 이 구절은 야곱이 받은 복을 아브라함과 이삭이 받은 복에 비교하고 있는 셈입니다. '야곱 대 아브라함과 이삭'이라고 하면 어느 쪽이 더 셀까요? 아브라함 하나만 놓고 보아도 야곱보다는 훨씬 나을 것 같은데, 야곱은 '네 아버지의 축복이 내 선조의 축복보다 나아서'라고 말하고 있습니다. 야곱은 어떤 사람으로 변화되었기에 이런 축복을 할 수 있게 된 것일까요?

'네 아버지의 축복이 내 선조의 축복보다 나아서'라는 말을 좀 다른 시각에서 생각해 봅시다. 이 말이, 복은 사람에게서 말미암지 않고 하나님에게서 말미암는다는 사실에 기초한 고백이라면, 지금 야곱은 '누가 더 잘났느냐' 하는 관점이 아니라 '누가 하나님을 더 잘 아느냐' 하는 차원에서 말하고 있는 것입니다. 그러니 이 구절은 야곱이 자기 선조인 아브라함과 이삭보다 더 잘났고 훌륭하다는 자랑이 아니라, 자기가 선조 아브라함과 이삭보다 하나님을 더 잘 안다는 고백인 셈입니다. 결국 '네 아버지가 내 선조보다 하나님을 더 잘 안다'고 하는 고백인데, 이런 고백 역시 야곱이 자기 신앙의 우월함을 자랑하는 표현으로 느껴질 수 있습니다. 그러나 그렇지 않습니다. 왜 그렇지 않은지 그 이유를 살펴보면 이 고백이 얼마나 희망을 주는 이야기인지 알게 될 것입니다.

야곱은 아브라함이나 이삭보다 자기가 하나님을 더 잘 안다는 고백을 어떻게 할 수 있었을까요? 그것은 야곱이 아브라함이나 이삭보다 하나님에게 매를 더 많이 맞아 봤기 때문입니다. 이런 고통스러운 경험을 통해 야곱은 하나님을 더 깊이 알 수 있게 된 것입니다. 하나님은 야곱의 일생에 함께하셔서 그를, 당신을 아는 일에 이만큼 자신 있는 자로 만들어 내셨습니다. 그래서 이 고백은 자신의 남다름을 자랑하는 허세가 아니라 아픔의 시간을 겪어 낸 야곱의 간증인 것입니다.

하나님이 사람을 평생 훈련하시고 연단하시는 목적이 무엇일까요? 그 목적은 하나님이 누구신가를 알게 하는 데 있습니다. 우리가 손에 무엇을 얼마나 쥐고 사는지, 우리가 남한테 얼마나 극진한 대접을 받고 사는지에 대해 하나님은 별 관심이 없으십니다. 하나님의 관심은 우리가 하나님을 얼마큼 아는가에 있습니다.

하나님을 아는 일에 반드시 매가 필요한 것은 아닙니다. 말로 해서 알아듣는 사람도 있습니다. 물론 대부분은 말로 하면 잘 못 알아듣지만 말입니다. 야곱 역시 그런 사람이었습니다. 야곱은 매를 많이 맞았습니다. 그런데 그만큼 더 생생하게 하나님을 경험하게 되었습니다. 징계만큼 하나님을 더 확실히 알게 해 주는 경험도 없기 때문입니다. 야곱은 이 일의 증인이며, '네 아버지의 축복이 내 선조의 축복보다 나아서'라는 표현은 그의 고통스러운 경험을 통해 결실된 고백인 것입니다.

내가 평안히 아버지 집으로 돌아가게 하시오면

창세기 34장을 보면, 비참한 사건이 기록되어 있습니다. "레아가 야곱에게 낳은 딸 디나가 그 땅의 딸들을 보러 나갔더니 히위 족속 중 하몰의 아들 그 땅의 추장 세겜이 그를 보고 끌어들여 강간하여 욕되게 하고"(창 34 : 1-2). 이 사건으로 레아의 아들들이 몹시 분개하여 세겜 성의 모든 남자들을 죽여 버립니다. 야곱은 딸을 걱정할 틈이 없습니다. 이 상황을 어찌 수습해야 할지 큰 두려움에 빠진 채 아들들에게 말합니다. "우리는 이방에서 온 사람들인데 이곳 원주민과 원수가 되었으니 어쩌면 좋단 말인가!"

'디나 사건'은 왜 일어나게 되었을까요? 추정해 볼 수 있는 단서가 35장에 나옵니다. 비참한 사건을 겪느라 피폐해진 야곱에게 하나님이 명령하신 내용을 통해 이 사건의 이유를 짐작해 볼 수 있을 것입니다. "하나님이 야곱에게 이르시되 일어나 벧엘로 올라가서 거기 거주하며 네가 네 형 에서의 낯을 피하여 도망하던 때에 네게 나타났던 하나님께 거기서 제단을 쌓으라 하신지라" (창 35:1). 하나님이 야곱에게 벧엘로 올라가서 거기 거주하고 형 에서로부터 도망하던 때에 나타났던 하나님에게 거기서 제단을 쌓으라고 명하십니다. 하나님이 명령하신 것은 두 가지입니다. 하나는 벧엘로 가서 거주하라는 명령이고, 다른 하나는 벧엘에서 제단을 쌓으라는 명령입니다. 왜 하나님은 이때 야곱에게 이런 명령을 내리셨을까요? 디나 사건이 일어나기 전에 어떤 일이 있었던 것일까요? 33장 17절 이하를 봅시다.

야곱은 숙곳에 이르러 자기를 위하여 집을 짓고 그의 가축을 위하여 우릿간을 지었으므로 그 땅 이름을 숙곳이라 부르더라 야곱이 밧단아람에서부터 평안히 가나안 땅 세겜 성읍에 이르러 그 성읍 앞에 장막을 치고 그가 장막을 친 밭을 세겜의 아버지 하몰의 아들들의 손에서 백 크시타에 샀으며 거기에 제단을 쌓고 그 이름을 엘엘로헤이스라엘이라 불렀더라 (창 33:17-20)

야곱이 밧단아람에서부터 '평안히' 가나안 땅에 돌아왔다고 기록되어 있습니다. 야곱의 무사 귀환을 보니 전에 그가 도망치는 길에 다다른 벧엘에서 하나님에게 서원했던 내용이 떠오릅니다. 창세기 28장 20절입니다.

야곱이 서원하여 이르되 하나님이 나와 함께 계셔서 내가 가는 이 길에서 나를 지키시고 먹을 떡과 입을 옷을 주시어 내가 평안히 아버지 집으로 돌아가게 하시오면 여호와께서 나의 하나님이 되실 것이요 내가 기둥으로 세운 이 돌이 하나님의 집이 될 것이요 하나님께서 내게 주신 모든 것에서 십분의 일을 내가 반드시 하나님께 드리겠나이다 하였더라 (창 28:20-22)

야곱은 하나님에게 이렇게 서원하였습니다. "하나님께서 저와 함께 계시고 제가 가는 이 길에서 저를 지켜 주시고 먹을 것과 입을 것을 주시고 제가 평안하게 아버지 집으로 돌아가게 해 주시면 여호와를 하나님으로 모실 것입니다. 제가 기둥으로 세운 이 돌이 하나님의 집이 될 것이며, 하나님이 저에게 주신 모든 것에서 열의 하나를 하나님에게 드리겠습니다." 그런데 지금 야곱은 하나님의 집, 벧엘에 있지 않고 세겜에 거하고 있습니다. 가나안에 평안히 이르렀으면서도 벧엘로 올라가 하나님을 섬기고 있지 않은 것입니다.

이처럼 야곱의 생애는 인간의 본성을 적나라하게 잘 드러내 주고 있습니다. 야곱은 가나안까지 '평안히' 왔고 지금 그는 가나안 땅 세겜에 거하고 있습니다. 야곱은 바라던 대로 고향에 돌아왔으니 이제는 걱정할 일이 없어 보입니다. 그런데 근심할 것 없어 보이는 야곱의 안일한 삶에 어느 날 하나님이 평지풍파를 일으키십니다. 더 이상 성가실 일이 없어 안이하게 살고 있는 야곱에게 하나님이 가장 무서운 사건으로 잠을 깨우시는 것입니다. 그런데 야곱은 아직 사태의 심각성을 파악하지 못한 것 같습니다. 세겜에서 벌어진 이 일을 겪으면서도 야곱은 지금 하나님이 얼마나 중대하게 개입하시는지 제대로 깨닫지 못하고 있습니다.

그러자 하나님이 야곱에게 강하게 말씀하십니다. 발뺌할 수 없도록 말씀으로 쐐기를 박으십니다. 앞에서 보았듯 하나님은 야곱에게 벧엘로 가서 거주하고 하나님 앞에 제단을 쌓으라고 하십니다. 아마 야곱은 하나님의 이 명령을 듣고서야 비로소 자기가 겪은 사건의 전모를 이해하게 된 것 같습니다. 이렇게 생각할 수 있는 실마리가 35장 2절에 나옵니다. '디나 사건' 이후 야곱이 가족들에게 명하는 장면입니다. "야곱이 이에 자기 집안 사람과 자기와 함께 한 모든 자에게 이르되 너희 중에 있는 이방 신상들을 버리고 자신을 정결하게 하고 너희들의 의복을 바꾸어 입으라." 이 구절로 미루어 야곱은 자기 가족들이 우상을 섬기고 있다는 사실을 알았던 것으로 짐작해 볼 수 있습니다.

야곱의 하나님
나의 하나님

야곱은 하나님의 강한 명령을 듣고 나서야 인간

이 어떤 존재인지 비로소 이해하게 됩니다. 그리고 이런 깨달음 뒤에 그제야 창세기 49장에 나온 고백을 할 수 있게 됩니다. "모든 복의 근원은 하나님이다. 그분만이 우리에게 복을 주실 수 있다. 이 하나님을 가장 잘 안다고 외칠 수 있는 사람이 누구인가? 그것은 바로 나다." 이는 야곱이 바르게 잘 살았기 때문에 나온 고백이 아닙니다. 그가 하나님을 만족시켜 드렸기 때문에 나온 고백도 아닙니다. 역경과 고통의 시간을 거치며 이르게 된 고백입니다.

야곱은 말년에 드디어 이렇게 담대히 외치게 됩니다. "나의 하나님, 이 못난 자를 이끌어 여기까지 인도하신 하나님!" 하나님에 대해 이보다 더 생생한 묘사가 어디 있겠습니까? 이것이 야곱의 고백이라는 점 때문에 하나님의 은혜로우심이 더욱 잘 드러납니다.

아브라함이 '나의 하나님'이라고 부르는 소리를 들으면 우리는 기가 죽지만, 우리보다 훨씬 못해 보이는 야곱이 감히 '나의 하나님'이라고 부르는 소리를 들으면 우리는 큰 위로를 받습니다. 야곱이 서슴지 않고 '나의 하나님'이라고 부를 수 있는 하나님이라면, 우리의 실수, 바보짓, 못난 행실 때문에 우리를 외면하실 하나님이 아니라는 것은 너무나 명백하지 않습니까? 이것이 '네 아버지의 축복이 내 선조의 축복보다 낫다'라는 야곱의 고백에 담긴 확신인 것입니다.

오늘 하나님 앞에서 마음껏 울 수 있고 그분의 품에 안길 수 있는 것이 우리의 자랑이요 복입니다. 여전히 마음에 불안과 초조가 있다면 나를 기준으로 생각하기 때문입니다. 나 자신을 포기할 수 밖에 없다는 사실을 빨리 발견하십시오. 하나님의 은혜와 긍휼의 깊이를 제대로 이해하여 말년의 야곱처럼 담대한 믿음, 당당한 배짱, 끊임없는 감사 속에 거하기 바랍니다.

질문하기

1. 야곱은 요셉의 강함이 전능자의 손을 힘입었기 때문이라고 합니다. 야곱은 이 전능자를 누구의 전능자라고 표현하였습니까?

2. '네 아버지의 축복이 내 선조의 축복보다 나아서'(창 49:26)라는 야곱의 말을 설명해 봅시다.

3. 하나님을 가장 잘 안다는 고백은 야곱이 어떤 시간을 거쳐서 하게 된 고백입니까?

나누기

한 사람을 항복시키기 위한 하나님의 열심에 대해 한 학기 동안 배운 바를 나누어 봅시다.

질문과
답

01 · 너는 너의 고향과 친척과 아버지의 집을 떠나

1. 하란까지의 여행은 누가 이끌었습니까?

— 데라. (10쪽)

2. 아브라함은 갈대아 우르에 살 때 어떤 신을 섬겼습니까?

— 하나님이 아닌 다른 신들. (11쪽)

3. 신자는 어떤 사람입니까?

— 하나님 앞에 설득당한 사람. (16쪽)

02 · 그가 거기서 여호와의 이름을 불렀더라

1. 아브라함이 애굽에 내려간 사건은 어떤 관점으로 읽어야 합니까?

— '아브라함은 본래 믿음의 사람이 아니었다' 하는 관점. (21쪽)

2. 자기 조카를 구해 내기 위해 위험천만한 전쟁에 뛰어든 아브라함의 배짱은 어디에서 나온 것입니까?

— 애굽에서의 경험. (23쪽)

3. 믿음은 하나님이 인간에게 먼저 찾아오셔서 무엇을 하시는 일
   입니까?
— 심으시고 키우시고 열매 맺게 하시는 일. (26쪽)

03 · 아브라함이 여호와를 믿으니

1. '아브라함이 여호와를 믿는다'라는 표현은 성경 어디에서 처음
   등장합니까?
— 창세기 15장. (30쪽)

2. 구원받았다는 것을 무엇으로 확신할 수 있습니까?
— 전에는 하나님을 몰랐는데 이제는 하나님을 안다는 것으로. (33쪽)

3. '아브람이 여호와를 믿으니'(창 15:6)라는 구절에서 읽어 내야
   하는 내용은 무엇입니까?
— '드디어 아브라함은 하나님에게 이만큼 설득되었구나. 하나님이 역사하여 일으
키신 영혼이 여기까지 이르렀구나.' (36쪽)

04 · 내가 너를 여러 민족의 아버지가 되게 함이니라

1. 별처럼 많은 자손에 대한 약속을 받은 아브라함은 어떻게 행동합니까?

— 약속의 성취를 기다리지 못하고 자기 생각대로 방법을 찾아 아들을 낳고 맙니다. (40쪽)

2. 하나님이 아브라함에게 '나는 전능한 하나님이라 너는 내 앞에서 행하여 완전하라'(창 17:1)라고 말씀하신 이유는 무엇입니까?

— 아브라함의 잘못에 대해 그냥 넘어가지 않고 꾸짖으시기 위해서. (42쪽)

3. 아브라함은 어떤 자리에서 새로운 이름을 얻습니까?

— 자신의 불신앙이 드러나는 질책의 자리. (46쪽)

05 · 나와 너희 사이의 언약의 표징이니라

1. 아브라함과 하나님의 언약 의식이 여느 의식과 다른 점은 무엇입니까?

— 쪼갠 제물 사이를 하나님 홀로 지나가심. (52쪽)

2. 할례가 언약 백성에게 가지는 의미는 무엇입니까?

— 육체적 방식이 아닌 다른 방식으로 생겨난 특별한 종족이라는 의미. (56쪽)

3. 구원은 언제 시작되어 완성된 일입니까?

— 우리가 요청하지 않았을 때에 하나님이 이미 시작하셔서 완성하신 일. (57쪽)

06 · 네 씨로 말미암아 만민이 복을 받으리니

1. 아브라함이 이삭을 바친 사건에서 떠올려야 할 중요한 질문은 무엇입니까?

— '도대체 하나님은 어떤 분이기에 이런 이상한 요구를 하시는가.' (61쪽)

2. 갈라디아서 3장 16절에서는 아브라함에게 약속된 '씨'가 누구임을 밝히고 있습니까?

— 예수 그리스도. (63, 64쪽)

3. 이삭을 바치라는 하나님의 명령에 아브라함이 순종한 것은 어떤 의미를 지닙니까?

— 이삭과 아브라함 자신은 없는 존재라는 사실에 대한 아브라함의 동의이자 항복. (68쪽)

07 · 형의 장자의 명분을 내게 팔라

1. 성경은 우리가 자격 하나 갖춘 것 없이 하나님의 자녀가 되었다는 이야기를 할 때 어떤 단어를 사용합니까?

— 택하심. (72쪽)

2. 야곱을 '택하심'은 어떤 의미입니까?

— 야곱을 통해 이루고자 하시는 하나님의 목적이 있고 그 목적을 향한 하나님의 일하심이 그의 생애 전반에 걸쳐 펼쳐진다. (74쪽)

3. 장자의 명분을 얻으려고 한 야곱의 모습은 어떠한 고백에서 비롯된 것입니까?

— '나는 예수가 필요하다'라는 고백. (76쪽)

08 · 너를 이끌어 이 땅으로 돌아오게 할지라

1. 벧엘 사건에서 눈여겨보아야 할 점은 무엇입니까?

— 하나님이 야곱이 있는 곳으로 친히 찾아 내려오셨다는 점. (82쪽)

2. 창세기 47장 9절의 고백처럼 야곱의 생애는 어떤 일로 채워져
   있습니까?

— 도망하는 일. (84쪽)

3. 하나님은 야곱에게 어떤 목적이 있었습니까?

— 야곱이 가나안 땅을 소유할 수준의 사람이 되는 것. (86쪽)

09 · 네가 하나님과 겨루어 이겼음이니라

1. 얍복 나루에서 벌인 씨름은 누가 먼저 시작하였습니까?

— 하나님의 사자. (92쪽)

2. 하나님은 야곱에게 직접 내려오셔서 무엇을 확인시켜 주십니까?

— "야곱아, 아직도 네 인생의 주인이 너라고 생각하느냐. 네 인생의 주인은 바로
나다." (96쪽)

3. 야곱이 '당신이 내게 축복하지 아니하면 가게 하지 아니하겠
   나이다'(창 32 : 26)라고 한 말은 무슨 뜻입니까?

— 하나님에게 항복을 선언한 것. (97쪽)

10 · 네 이름이 무엇이냐

1. 약탈자는 어떤 사람입니까?

— 자신이 원하는 바를 힘으로 얻어 내는 사람. (102쪽)

2. 야곱의 생애 목표는 무엇이었습니까?

— '어떻게 복을 얻어낼 것인가.' (103쪽)

3. 야곱의 모순은 어떤 모습입니까?

— 하나님에게 멋진 기도를 드리면서도 막상 하나님이 걸어온 씨름에는 지지 않으려는 모습. (107쪽)

11 · 야곱의 전능자의 손을 힘입음이라

1. 야곱은 요셉의 강함이 전능자의 손을 힘입었기 때문이라고 합니다. 야곱은 이 전능자를 누구의 전능자라고 표현하였습니까?

— 야곱의 전능자. (113쪽)

2. '네 아버지의 축복이 내 선조의 축복보다 나아서'(창 49:26)라
　는 야곱의 말을 설명해 봅시다.

— '누가 더 잘났느냐' 하는 관점이 아니라, '누가 하나님을 더 잘 아느냐' 하는 차
원에서 하는 말. (114, 115쪽)

3. 하나님을 가장 잘 안다는 고백은 야곱이 어떤 시간을 거쳐서
　하게 된 고백입니까?

— 역경과 고통의 시간. (120쪽)